やれるときにやらなきゃいかん

ソニー創業者の子育て談義

井深 大
(財)ソニー教育財団編

ソニー・マガジンズ新書

目次

はじめに

今年（二〇〇八年）は井深大さんの生誕一〇〇年にあたります。この年に井深さんの対談集を出版することは感慨深いものがあります。

井深さんは好奇心いっぱいの人で、いろいろなことに興味を持ち次々と新しいことに取組んでいかれました。

ソニーを盛田昭夫さんとともに創業し、テープレコーダーやトランジスタラジオなど新しい製品を世に出して、ようやく事業が軌道に乗ってきた一九五九年、社会貢献としてソニー小学校理科教育振興資金を開始しました。企業や国の発展を考えるとき、子どもたちに対する理科教育が大切だと考えて、小学校への教育助成を始めたのです。全国の学校から理科教育に関する計画の論文を募集し、意欲的な取組みに対して教育資金を贈る活動です。以来、約五〇年、助成対象を中学校へ、また幼稚園及び保育所へと広げた活動に発展しています。

その一方で、井深さんの関心は幼稚園に入る前の子どもの教育へ、さらに誕生前の胎児へと拡がったようです。子どもは、それぞれが秘めた能力を持っている。このような能力を上手く伸ばしてあげたいという強い願いを持っておられました。特徴的なのは、子どもだけを対象にするのではなく、親のことも一緒に考えて、親と子のコミュニケーションを大切に考える点です。一九六九年、幼児開発協会を設立、母と子を共に育てるという考えに基づいて、(母と子の)ペア・スクールを始めました。この活動は、約三〇年続けられました。

この幼児開発協会では、月刊誌『幼児開発』を発行していました。井深さんは幼児教育の専門家に限らず、心理学者、小児科医、脳科学者、作家、政治家、俳優、企業経営者など、幅広い分野の第一線で活躍される方と対談し、これが毎月の『幼児開発』誌に掲載されました。子どもの教育や子育てについて、しっかりした考え

をお持ちの個性的な方々との対談はとてもユニークな内容で、この井深対談は二五年間、二八〇回に達しました。そして、ひとつひとつの対談には、教育や子育てに関して、井深さんとしての重要なメッセージが込められています。

時代は二〇世紀から二一世紀へと移りましたが、今あらためて対談集を読み直してみると、時は経てもその内容が少しも古くなっていない。むしろ物事が目まぐるしく変化する現代においては、井深さんのメッセージには新鮮な驚きと大切さを感じるのです。たとえば、一例として脳科学を考えると、脳の働きを記録・分析する新たな手法や装置が開発されています。このような脳科学の進展により得られるデータや知見は、対談集で語られた内容を実証しています。

このたび、数多くの興味深い対談の中から、代表的な六編を選んで井深大対談集としてまとめました。対談のお相手は、本田技研工業創業者の本田宗一郎さん、作家の曽野綾子さん、俳優の津川雅彦さん、幼児教育がご専門の七田眞さん、乳幼児の音楽教育に詳しい志村洋子さん、作家で東京都知事の石原慎太郎さんです。井深さんとの間で熱く語られる教育論・子育て論は、思わず引き込まれる内容です。
　この本によって、より多くの方に教育、特に乳幼児期の教育の大切さを知っていただき、教育への関心をいっそう高めていただけることを願っております。

財団法人 ソニー教育財団

I　知恵の肥満児にならないよう

本田　宗一郎

本田《ほんだ》　宗一郎《そういちろう》

経歴

一九〇六年静岡県生まれ。元本田技研工業株式会社社長。自動車修理工場に入社したのち、一九四六年、本田技術研究所を開設。一九四八年、オートバイメーカー本田技研工業を創業した。一九六三年にはホンダ初の四輪車となったスポーツカーS５００と、軽トラックT３６０を発売し、四輪車にも進出。一九六四年、F１レースへの参戦を発表し、翌年のメキシコグランプリで初優勝の栄冠を手にした。一九九一年逝去。対談は一九七三年に行われた。

好きでたまらない石油のにおい

井深　本田さんの幼児時代で、有名な話は毎日お米屋さんへ行って、精米ポンプを見ておられた、という……。

本田　いや、本当の話ですよ。私は浜松の生まれで、田んぼ道をおぶってもらっては精米所へつれて行ってもらった。石油の発動機でね。それがトントンかわりばんこに動いて、米をつく。プーンと石油のいいにおいがする。何ともいえず、面白くてね。毎日毎日つれて行ってもらっていたんです。

井深　毎日どれくらいの時間見ておられた？

本田　まあ、一日中（笑い）。

井深　石油っていうのは、いいにおいだった。

本田　全く、あのにおいはたまらない。今みたいにいろいろなにおいがミックスされてしまっていると、ちっともいいにおいじゃありませんな。

井深　小さい時、自動車がさーっと走っていったあとなんかの、あの魅力的なにおい、忘れられませんね。

本田　一度、おぶって行ってくれる人がいませんでね。ひとりでヨチヨチ田んぼのあぜ道を歩いて行った。そしたら田んぼのなかへころがり落ちた。あわやというところへ、若い、きれいな娘さんが通りかかって、助けあげてくれたんです。それが、偶然精米所の娘さんだった。

井深　本田さんの初恋の人だな（笑い）。

本田　冗談じゃない。こっちは、三つ、四つだった（笑い）。

井深　その「ストン、ストン」を毎日見に行ったっていうの、何か理由があったの。

本田　理由なんかない。見てりゃいいんです。

井深　リズムがあって、ダイナミックでね。

本田　荷重がかかると「トン、トントン」とやって、荷重がないと、「トン、スカスカスカ」って……そういうふうにオートマチックになってるわけで、その雰囲気が何ともいえない。今で言えばそのダイナミック……だけど、まあ、わけってないね。好きだから見ていただけ。一日中見ている。

井深　ハッハッハ。

本田　飯をくれなきゃ、くれなくてもいいんだ。何でもいい、一日中見てる。

井深　石油発動機が最初だったんですかねえ。

本田　石油発動機ですよ。

井深　ぼくも何かそれに似た覚えがあるな。目覚まし時計はいくつぶっ壊したかわからないし……。

本田　いや、ぼくも壊したなあ。

井深　むかしのことだから、興味を持つものがそうないからね。テレビがありゃ、テレビばっかり見てたろうけど、何もないものね。何か触れるもので、手に負えるものにどんどん興味が集るわけですよね。

本田　それから今度、自動車がやって来たっていうころにはね、「すばらしいな、運転手になりたいなあ！」って思った。自動車の運転手は神様みたいに見えた（笑い）。

井深　むかしの子どもは、電車の運転手とか、自動車の運転手とかにあこがれたね。

本田　私らのところで自動車を見かけるようになったのは、小学校の二、三年ごろだったなあ。自動車がきたら、そりゃもう、たまらなくなったものだ。むかしの自動車はね、止まれば必ず、オイルがしみて落ちてるんだ。そのオイルのにおいを……気が遠くなるような心持ちで嗅いだなあ。

井深　ハッハッハ。

本田　とにかく鼻をね、オイルのところにくっつけて……そりゃ、気が遠くなるような感じだった。いまでもその記憶が残ってるよ。その代わり、本を読むのなんて大嫌い。親父もおふくろも、勉強しろとは言わんかったね。それでいて親父が非常にやかましい人でね、何か……時間をまちがえること非常に怒った。だから私は学校へ行くの、大嫌いだったけどね……授業は嫌いだったけど、学校にちょっとでも遅れると、もう、泣けて泣けてしようなかった（笑い）。

井深　おもしろいね。

本田　うちが鍛冶屋だったから弟子がいる。その弟子に自転車のうしろに乗せてもらって、学校まで送ってもらったこと、覚えてますよ。だから私はいまだに、時間で人に迷惑かけたこと、いっぺんもない。

苦労は、買ってでも……

井深　それで、どういうきっかけで、東京の修理屋さんに弟子入りしたんです？

本田　そりゃあね、私は勉強嫌いだからね。嫌いだし、やる意志もないしね。親も嫌いなのに無理にやることもない。まあ、上の学校へ行くということは非常に希望していたようだが、本人が意志ないんだから（笑い）。そのころ『輪業世界』※という雑誌がありましてね。

井深　ありましたね。

本田　うちの親父が自転車屋やってることから、とっていたんです。

井深　鍛冶屋さんのほかに自転車屋さんもやってた？

本田　ええ途中から。うちの親父も非常に器用でね。

井深　そりゃま、本田さんに縁がないことはないな。そのころ輸入ですか？「ラージ」※なんて車あったね。

本田　ええ、「ラージ」とか「ラレー」※とか……修理販売。

井深　日本製はなかった？

本田　日本製もありましたよ。

井深　なかなか高級だったな。チェーンのとこ、カバーしてあった……。うちのじいさん、年とってたけどハイカラで、人力車なんかで出勤しない。「俺は自転車で行く」といって、郡役所へ自転車で通ってたよ。

本田　そりゃもう、大変なハイカラだ。

井深　郡長だからおかかえの人力車がいるわけだ。仕方ないから弁当だけのせて、人力車があとを追っかけていく（笑い）。じいさんは自転車でスーッといっちゃう、そのあとから人力が弁当運んで行く。自転車の話聞いて思い出したな（笑い）。

本田　ところでその『輪業世界』という本に、東京のアート商会っていう、自動車の修理をするところの広告が出ていたからね。そこへ自分で手紙を出した。そしたら「お前がよくやるんなら、入れてもいい」っていうような返事がきた。

井深　ははあ、手紙で就職をたのんだ。

本田　それで親父を口説いて、そして二人で上京したんですよ。行李を持って。初めての東京だ。親父と二人でね。朝の、暗いうちに出かけて、着いたのが七時頃ですからね。いまアメリカへ行くより遠かったんですよ（笑い）。

井深　それ、何年のこと？

本田　大正一〇年ごろになるんじゃないかな。震災のちょっと前。

井深　中学校を出てから？

本田　中学校じゃなくて、高等小学校。そりゃ、親父にしたら、大英断でしょうね。親父も、東京っていうもの、はじめて来たんだから。

井深　あ、そう。

本田　親父が送ってこないと、アート商会で預かってくれないからね、ぼくを。ぼくはやりたい一心だけど、息子を見ず知らずの東京へ置くんだから、そりゃ親父の方が大決心だ。

井深　食うに困ってるわけじゃないしね。

本田　自動車修理をやりたいばっかしに、だ。

井深　うーん、よく決心されたなあ、親父さんも。

本田　勉強もしないし、すねてばかりだし（笑い）。絶対自分の言い出したことはやるんだから、親父も呆れ返って、ついに折れたんだな。

井深　で、お母さんは？

本田　ええ、おふくろもまあ、賛成しましたよ。「お前がそういうなら仕方がない、本人の好きなことするのはいいことだ」って。しかしその勤めたあとが大変だった。半年間子守りですからね、毎日毎日。子守りばかり、自動車に触れることなんてない。

井深　で、何人ぐらいの従業員がいたんです。

本田　ええと、六人ばかり弟子がいてね。一番下に入ったばかりの弟子はそりゃ子守りですよ。朝は誰より早く起きて掃き掃除してやらないと。そうすれば、褒美に、ぼくの丼に毛のついた豚汁の皮のところを一片くらい余計にくれるから（笑い）。

井深　毛のついた、はよかった。

本田　ちょっと盛りがよかったりするしね。誰より早く、真暗いうちに起きて、他の人のやることとやってやる。そうしないと、腹が減ってしょうがない（笑い）。もう毎日が、嫌で嫌でたまらなかったですよね。もう逃げて帰ろうと思ってね。行李をナワで結わえて、二階の屋根から、そおーっと下ろして、自分は電柱を伝わって下へ降りた。ところがね、その時親父のあのおこる顔と、おふくろの泣く顔が、交互に映ってきてね（笑い）。

井深　なかなか劇的だね。

本田　もう少し我慢をするよりしようがない。自分が言い出して来たんだから、と。親父が行けっていったんじゃなし……もう少し我慢しようと、また電柱を登って、行李をひき上げるの（笑い）。四、五回そういうことありましたね。

井深　まいったね、こりゃ。四、五回も。よく我慢したなあ。

本田　だからぼくに言わせると、そういうときにも我慢してきた。……自分の意志に反することでも我慢し通した経験があるから、いま経営のことでも、いろんな我慢しなけりゃならん……だけどそのときのこと思えば、何でもないね。

井深　うん、うん。

本田　だから「苦労は買ってでもしろ」って言うようなことね、古いかも知れんけど。それを、もし、のうのう座ってきてたんなら、経営だって最初のうちに、投げるときがあったろう。いいことばっかりはないんだからね。

井深　世の中じゃ、いい面ばっかり想像するからね。

本田　私はそう思いますよ。お母さま方は、いいことばかりを……奇麗事ばかりに世の中を見て、子どもに教えるでしょ。あれ、どうも合点がいかんなあ。

井深　うん、うん。

本田　もっとわれわれが生きていくには、辛いことがあるんだ、死ぬことを教えてないなあ。きれいごとを教えても。

井深　そりゃもう、ほんとだ。

本田　「そんな辛けりゃ、まあ、やめなさい」とか、安全なことばかり教えてる。

井深　そうそう。

本田　私はね、安全っていうことはね。安全でないことを知っている人が、本当に安全なことを行えるんだと思うね。安全でないことを知らん人が、安全なんて、わかりっこないよ。ぼくはそう思うね。

※『輪業世界』　一九二〇年から一九二四年「輪業雑誌社」から出版されていた自転車雑誌。

※「ラージ」　イギリスの自転車メーカー。一八九二年初めてダンロップ製の空気入りタイヤを装着した。一九一六年に大日本自転車が国産ラージを生産した。

※「ラレー」　一八八八年イギリスで設立された自転車メーカー。ラレーの歴史は自転車の歴史と称されるようなブランドとなっている。

「甲」は唱歌だけ

井深　もうちょっと前へ戻って、もっと幼いころのことを……。

本田　こないだね。ほら、あんたが私のための祝いの会をやってくださったでしょ。あのとき田舎の母校で、三年間続けて面倒みてくれた先生が来てくれたんですよ。青木先生っていう方。そのころの悪童仲間二人と来てくれたんですよ。その先生を見たとたんに思い出したんですよ。

井深　小学校のときの先生？

本田　高等科の一年から三年まで受け持ってくれた先生。でね、私もまあ、その先生にはずい分叱られたですよ。もうねえ、書き方とか、読み方とか、綴り方なんか大嫌いだったですからね。そのときになると、どっかへ逃げちゃうですよ（笑い）。弁当持って逃げちゃう（笑い）。

井深　弁当持ってね。

本田　やっぱり、そんなふうに逃げたときのことですがね、もう腹が減ってしまうがない……。いまでもあるが二俣城址ってい

井深の勲一等旭日大綬章受賞を祝う会で
本田宗一郎さん（左）と

うのがあって、それがすぐ裏山なんです。そっちの方へ遊びに行っちゃったが、腹がへってしようがない（笑い）。飯を食おうと思ったけどむろん時計はない。田舎では外へ出たって、腕時計持ってるわけないんだから、ゴーンという鐘の音で、みんな飯を食うわけですよ。

井深　お寺のね。

本田　それを聞かないと……どうも、飯、食えないんですね。だから条件反射なんですよ、ぼくに言わせれば。仕方ないから、寺へ行って、ゴーンと撞いたんですよ（爆笑）。

井深　ハハハハハ、寺の鐘を、自分で。

本田　ええ。そいで、そこの鐘の下で悠々と飯を食ってたんですよ（笑い）。そうしたら、鐘の音が一時間ぐらい早いでしょ。学校の人がフッとんできて、ぼくが撞いたってわかったから、「コラッ」って、うしろの襟がみ、つかみ上げられて、そりゃ、もう、青木先生の前で、目の飛び出す程叱られちゃったよ（笑い）。

井深　ハハハハハ。

本田　撞いておいて、逃げりゃよかった（笑い）。本人は悪いことしたと思ってないんだからねえ、その下に悠々といる（笑い）。今考えりゃ、馬鹿なことしてるね。

井深　飯を食べる前提条件だったんですな。

本田　とにかく村の時計、一時間みんな狂わしちゃったんだから（笑い）。ところで、いま言ったように読み方、書き方は嫌いだが、理科とか、そういうのは先生より知ってるんですよ。知っていても、ね、試験っていうのは全部綴り方の試験でしょ？（笑い）。

井深　そりゃそうだ。筆記試験だから。

本田　それが表現できないから、みんな丙なんですよ、ぼくは。甲のものは歌だけ。

井深　歌!?　あ、そうか……。

本田　え、唱歌だけ。歌っていうのは筆記試験も何もないでしょ。歌ったもの、ズバリが試験だからね。唱歌だけ、だから甲で、あとのものは丙。乙なんて少なくて、丁とか……。

失敗して覚えたもの

本田　そんな通告簿※を期末に親父やおふくろに見せなきゃならない。

井深　そりゃそうだ。

本田　判を押してもらわなきゃならないですよ、「本田」っていう判を。ところが昔の人は堅いものだから、判というものは自分の首といっしょだ、くらいに思って親父は肌身離さず持ってるわけだ（笑い）。ぼくは、しようがない、と思って、自分の器用さを生かしてね、自転車のペダルのゴムね……。

井深　うん！

本田　あれでね、「本田」と彫って、判をついちゃったんですよ（笑い）。

井深　ハハア、元気いいね。

本田　それ話したらね。同じ思いの連中がね「俺のもつくってくれ、つくってくれ」って、注文、殺到したわけなんですよ（笑い）。

井深　ハハハハ、こりゃおもしろい。

本田　ぼくは得意になって、作ってやったんですよ。そして、みんなぼくのつくった判を押して、持っていったわけですよ。そしたら翌る日になったら「本田こっち来い」って職員室へ呼ばれたですよ。

井深　ほう。

本田　「きょうは悪いことしてないのに、何でよばれたんだろ」（笑い）。「ここへ立ってろ」って言われるんだよね。「おかしいな、おかしいな」……自分で考えたって、全然悪いことしてないからね。

井深　悪いことしてない（笑い）。

本田　やっぱりバレちゃってたんだな。

井深　どうしてバレたんだろ。

本田　俺のは左右同じでどう彫っても「本田」なんですよ。ほかの人のたとえば、中島とか佐竹とかみんな反対の字になっちゃってる（笑い）。これですぐバレちゃった。そりゃ知らんかった（笑い）。

井深　そりゃ知らんかった、か。ハハハハ。

本田　だから俺はその時はじめて、判は右が左に、左が右になるってこと、知ったよ。

井深　「井深」なんてのも、まずいね。

本田　おう、「井深」もまずい、頼まれたってもう作らん（笑い）。今の子どもでも、判は反対になるってこと知らないでしょ。本当に俺みたいに失敗しないと（笑い）。ぼくのいろいろ哲学的なことなんか全部子どものときからの失敗の積み重ねだ。本当にやったことからきてるね。

井深　実践のうえだな。

本田　「こうなんだ」って、教わったものと、自分が失敗して覚えたものとでは、桁がちがうね。価値が違う、同じものであっても。人から教わったのと、答は同じであっても。利用価値が、あと、うんと拡がっていくね。

井深　教育というのも、ただ教えるんじゃなしにね、切羽つまってやらなきゃならん、やるために、何か知らなきゃならん、という状態で行われると、興味だって湧いてくる。今は、ただ一〇何年間与えっぱなしでね。入学するための必要性だけというのは間違い。

本田　入学するための、じゃなくて、人生ってのは、もっと長い期間あるんだからね。そのために全力を投入すべきものを、ね……どうもお母さま方みていても、どこかへ入学するために苦労しているんだなあ。こりゃおかしいね。

井深　入学するためであり、こんど卒業していいポジションにつくための苦労でね。それから企業へはいっても、上へ登るための競争しかないんでね。仕事っていうものの楽しさとか、苦しさとかいうものを味わおうとしないんだよね。

※「通告簿」　通信簿、成績表。

自動車の下へもぐった喜び

本田　それからもう一つ……小学校二、三年の頃だと思うんですよ。隣が石屋さんなんですよ。コツコツ、コツコツ、地蔵さま彫ってるんです、石屋さんの親父が。その鼻がどうしても気にくわないんだな。ぼくのイメージと違うんですよ。あれを直せばいい、と思って狙ってたら、その親父が飯食いに行って留守だった。帰ってくる前にと思って、ノミ持ってチンチンとやったら、鼻、ポロっとかけちゃった（笑い）。そのとき「しまった」と思ったね。やっぱり他人のものに黙って手を出しちゃいけないなってこと、鼻がかけたときに感じたね（笑い）。

井深　鼻が落ちたときにね、ハハハ。落ちるまでは？

本田　落ちるまでは、やりたい一心。自分の思ってるイメージを何とか実現したくてしようがないんですね。

井深　芸術的なセンスがあるんだね。

本田　悪いなんてことは、ひとつも思ってなかった。「こんなことをするやつは宗一郎にきまってる」っていうんで、すぐ指名手配くっちゃって……（笑い）。そのころは修身※

があって、人のものには手を出すな、とか、いろんなこと教えてるけど、私はそうじゃなくて……。

井深　悪いことして、はじめて修身がわかった（笑い）。

本田　自分なりに、体でそれを受けとめたね。

井深　石屋さん、怒ったでしょ？

本田　まあ、しょっちゅうやってるからねえ（笑い）。「またやったナ！」（笑い）。

井深　しかし鼻落とされちゃ……接着剤もなかったろうしね。たしかに教育というのは、自分自身で自分の興味で築き上げていくところに、本当の教育があるし、進歩もあるような気がするね。

本田　親が教えることは大切だけど、教えるだけじゃなしに、子ども自体が、何か自分で興味あるもので実行して、いろいろ失敗する……失敗したときに、思い出し「あ、親がこういったな、先生がこういったな」……それで自分の体で受けとめる、と、いうところに、本当に教育があるんじゃないかな。

井深　与えすぎ、ばっかりではね。

本田　ちょうど、いまは、ほら……「知恵の肥満児」だな。

井深　うん、うまい！　うまい言葉だ。

本田　体で、行動で消化もできんのに、教えるだけは教えてる。だから教えられても、それをどういうふうに適用していいか、適用する場所もないんだな。

井深　いまの学校教育全部がね、大学まで通じて、そうだよね。——それで話はもとにもどってアート商会、子守りの時期がすんで、待望の自動車がいじれるようになったんですか？

本田　そう、私がアート商会へ行ったのは、学校をすませて一月ほどした五月でした。子守り、子守りの半年……すると、その年の暮れに大雪が降ったんですよ、東京に。まあ五、六〇センチ。むかしの自動車って、アンダーカバーって、エンジンの下を覆うカバーがあったんですよ、シャベルのようなでっかいカバーが。

井深　鉄板？

本田　ええ。バックするとそれへ雪がはいって、おっこっちゃう。「きょうは忙しくってしようがない。手伝え」っていわれた。しずくは上からたれるし、手はかじかむし……ワイヤーで結えつけるんですよ、自動車の下へもぐって。

しかしそのとき私、うれしかったなあ、これで自動車に触れた！　半年たって手が足りないため、子守りを解任されて自動車の下へもぐれた。そんな仕事ですよ。だけど、そのうれしかったこと！

ぼくは、家ではさんざんいろいろなものをいじっているし、器用さもあったし、兄弟子よりぼくは器用だって、自負もしていたが、「この子、なかなかよくやる」ってそのときはじめて認められたね。そのうれしかったことって、いまだに忘れないなあ。そんな仕事でもね。

だから、私は、子どもに対して「教える」ことも結構だが、やっぱり「苦労」っていうことがあってこそ、ちょっとの喜びでも、身に沁みるんだっていうことを世の親たちに言いたいなあ。

※「修身」　旧制の小・中学校などで行われていた教科の一つ。教育勅語をよりどころとする道徳教育を目的としていた。

オモチャは全部自分で作った

井深　そのしたいことを抑えつけておく期間は、本当にいいことなんですよ。鈴木バイオリン※で子どもが最初習うとき、絶対バイオリンに触らせない。お母さんが毎週連れていって、最低三ヵ月位バイオリンは触らせない。そうすると自分より小さい子が一所懸命やっているの聞いてるから、曲はもう、全部頭へはいっちゃう。それでも触らせない。

本田　へえ！

井深　そうすると、はじめは親の意志か、子どもの意志かわからないで行ってるんだけど、みんなやってるから、弾きたくなりますよね。それでもう矢も楯もたまらなくなる。そのときに、はじめてバイオリンを渡すわけなんです。

本田　はーん。

井深　このあたりがね、ちょっといまの世の中で欠けているような気がします。

本田　そうだね。たしかに欠けてますね。

井深　何でもすぐ始めて、すぐ嫌になってやめる。鈴木先生のところでは、新しく入った子は三ヵ月ほど通ってる間に、メロディはちゃんと頭に入っちゃうから、何でもなく弾けると思っちゃう。ところがさてバイオリンを持ってみると、ドッコイ、そうはいかんもんだから、こりゃ大変だっていうんで、ご飯も何も忘れて、かじりつくっていうことになる。それがイントロダクションなんですよ。

本田　ああ、わかるねえ。

井深　いまの自動車の下へもぐった話、非常にそれに通じるね。

本田　手がかじかんで、上からボタボタ雪が落ちてくる。寒いとか、つめたいとか、そんなこと問題じゃなかったね。仕事をしてるっていう意識さえないんだ。どんどん、どんどん……なにせ、面白くて……やっちゃってたねえ！　堰を切った水みたいなものだなあ。

井深　それこそ、教育で考えなきゃいかんテーマだ。

本田　そういうものなんだね。

井深　いまは、あんまりイージーに与えすぎで……。

本田　与えすぎなんだね、たしかに、いまは。

井深　欲しくて欲しくてしょうがないものを、やっと買ったという、そういう気持ちが必要なんだけどね。

本田　本人はまだたいして欲しくないのに、「お前これほしいだろ」っていうのはサービス過剰だよ、子どもに対して。だから子どもが移り気になっちゃう。

井深　月賦販売なんていうのも、わけなくいろんなものが買えちゃう。私は大学出て勤めてからライカが欲しくてね。当時で一八〇円ぐらいだった。月給は六〇円ぐらいだ。月賦なんてなかったから、どうしてもためなくちゃならない。半年かかった。その買ったときのうれしさ！　ちょっとちがうね、月賦とは……。

本田　ぼくがアート商会に勤めて、勤めたその月に五円もらったですよ、月給を。そうして、その月給で、日ごろ欲しいと思ってた帽子！　あの運転手さんがかぶるあの帽子……学帽みたいのに金モールのでかいのがついたの。

井深　あった、あった。

本田　あれをかぶりたくて、欲しくてしようがなかった。下駄ばきで、神田神保町まで行って、とにかく二円三〇銭！　もらった金の半分出したんだから（笑い）。大金ですよ（笑い）。

井深　アート商会ってどこでした。

本田　本郷湯島。そこから歩いて行って、買って、かぶって……金モールのなるべくでかいヤツを（笑い）。それで着物に下駄ばきにそれをかぶって、悠々と帰った。満足したなあ（笑い）。

井深　目に見えるようだね。ハハハハハ。

本田　自分が本当にほしかった、憧れていたものを、自分の手で買った……あれはもう生涯忘れないなあ。

井深　いまの子はそういう体験はないなあ。

本田　親がすぐサービスしちゃうから。ぼくらはおもちゃなんて買ってもらったこと、いっぺんもないな。タコでも飛行機ダコでも、全部自分で、木を削ったり、竹を削ったりしてつくりましたよ。

井深　買うっていったってそうおもちゃ屋さんはないものね。

本田　おもちゃ屋さんってのは、町へ出なきゃないですからね。それからまたね、おもちゃ屋で売っているようなおもちゃは、いらないんですよ。むかしのおもちゃはね、首振るおもちゃとか……たいしたことなくて、動的なものはないんですよ。ぼくの気に入ったのはないんだから。

井深　ぼくが育った安城という町も、当時から相当の町だったけどおもちゃ屋、なかったですよ。本屋は立派なのが二軒あったけど。ぼくが一番最初に買ってもらった遊び道具は電気のベルね。青いコイルがついて、コーン、コーンとたたく。あのベルと電池と絹巻線を買ってもらった、それがおもちゃだったね、小学校の初めのころで、これは非常に印象深かったし、非常に役に立ったと思うけど。

だけど、おもちゃ屋さんってのはなかった、ほんとに。東京にだって……ぼくは小学校一年の半分ぐらい本郷にいたけど、三丁目の角のところにあったのしか覚えないもの。ほんとに少なかった。だから何でも自分でこしらえなきゃならなかった。これは、いまの子どもたちと、だいぶ違うんじゃないかな。

本田　ちがうね。

※「鈴木バイオリン」　バイオリニスト鈴木鎮一（一八九八―一九九八）主宰のスズキ・メソード音楽教室。音楽を通じて心豊かな人間を育てることを目的とする教育法を提唱し、才能教育研究会を設立した。

ジーンときたスミス

井深　プラモデル買ってきて、接着剤でつけりゃ、かっこいいものが、スッとできちゃうのと、かっこ悪くても、自分で作ったのとではね。あのトランスなんかも、自分でこしらえたよ。中学校になってからだけど。売ってないんだもの。また、電話の古いの買ってきて、悪いとこ探して、いいとこだけちょん切って集めてコンデンサーをこさえたんですよ。なんでもかんでも、自分でこさえなきゃならなかった。そういうところに、ちょっといまの教育とちがうものが出てきたでしょうね。

本田　いまは既製品を組み合わせるだけだから、手は不器用になるよ、そりゃ。

井深　知識もそうかもしれないね。しかしきょうは愉快な話を聞いたなあ。もうひとつぐらい小学校のときの

ボーイスカウトのキャンプで本田宗一郎さん（左）と

記憶はないですか。

本田　小学校五年ぐらいのときだと思うけど、浜松にアート・スミスって飛行機乗りがきてね。それがきたとき、何しろ、これ、見に行かなきゃいかん、と思ってね、親父に内緒で二銭盗みだしてね。

井深　たった二銭。

本田　二銭たって……お祭りのときに、よその人が来て、もらう金ですよ、その頃。でっかい銅貨でね。何たって五厘しかもらったことないのに、大金だと思ってたよ（笑い）。そいつ盗み出して、弁当持って学校へ行くようなかっこうして、納屋から親父の自転車持ち出して、三角ペダル踏んで、二〇キロのところ、浜松まで行ってたんですよ。人に聞き聞き……はじめて。

井深　へえー。

本田　行って、入ろうと思ったら、五銭とか一〇銭とかいわれて、二銭じゃ足りないわけだ。しようがないから、練平場のそとの木の上に登ってね、松の枝を折って、自分の下の方へ敷いて、下から見えないようにして見物してた。そしたら宙返りをしたりして降りてきた。ハンチングをこううしろにかぶって……。

井深　そう、そう。

本田　それがたまらないんだ（笑い）。英雄に見えてね。

井深　私も名古屋まで見に行った。そのときはじいさんが連れてってくれたから、ちゃんと入って座って見た。

本田　そいで私は帰りには学帽をうしろにかぶって（笑い）ハンチングの真似だ。うちへ帰ってきて、親父に言ったら、親父、怒らなかったね。

井深　ほう……。

本田　「本当に行ってきたか」って、親父も目を丸くしてた。

井深　そうすると、二銭は残ったわけ。二銭、とうとう使い途ないもの。弁当は持って行って、木の上で食っちゃったし（笑い）。

井深　ハハハハハ。

本田　ところがね、世の中って不思議なものだね。この話にあとがある。今から四年ぐらい前だけど、アメリカから手紙がきましてね、「お前の著書を読んだけど、あのときの機関士は俺だ」っていう手紙がきた。

井深　ほう！

本田　「お前が登ったっていう松の木はこれか」ってちゃんと写真を入れて、ぼくのところへ送ってきたよ。で、ぼくも「ぜひ会いたいものだ」って言ってやった。そしたら、忽然と、三日ばかりたったら、研究所に現れてね。

井深　へええ。

本田　いや、わたしゃ、おどろいたなあ。

井深　相当な年配でしょう。

本田　そのとき一九だったっていってましたっけね。二〇歳にならないと渡航できなかったんだって。それ、ごまかして日本へ来て、ずうっと、転々と日本中を。

井深　スミスと巡業だね。

本田　巡業して歩いたわけ。そして天竜川だとか、写真をいっぱい持ってきて見せてくれた。いや、私のうちが写ってるんですよ、驚いたね。私が「子どものとき、見に行った」と書いただけで、アメリカの当時の人と、いま握手ができるんですよ。あのころは外国人とつきあうことになるとは夢にも思わんかったなあ。

井深　大正四、五年のことだから……。

本田　うん。そしてこんど日本へ来たのは四年ばかり前。私より九つ上ですよ。だから……私が一〇歳ぐらいだったわけだ。

井深　どこに住んでるの？

本田　ロサンジェルスに。いまもエンジニアやってる。子どものときにそんな因縁があってね、この年になって、その人とつきあうようになるなんて、大変なことですよ。

井深　ぼくも、砂煙をあげて滑走して、フワッととび上がるという感じだった、スミスの飛行機はよく覚えてる。

本田　体が前の方にあってね、後にエンジンが回ってる。エンジンとプロペラを背中へしょうような恰好で、前の方へ乗って……。

井深　一番さきっぽにね。

本田　そしてハンチング、うしろにかぶってね……恰好いいんですよ。ジーンと来ちゃったなあ（笑い）。

井深　何馬力だったかな。三、四〇馬力か……。

本田　そんなもんでしょうね。

井深　写真はもう普及してたな。コダックとか……。いや、こりゃきょうは大変面白かった。

本田　地蔵さんの鼻をかいた話は私、本にも書いたけど、判をつくった話は初公開だ（笑い）。この間先生の顔みたら思い出した。博士のお祝いにきてくれて……あの先生の顔みたら、「そうそう学校、できなかったなあ」と思い出して……先生も「学校できなくても博士もらえて、ああよかった、よかった」って言ってくれて……それで思い出した（笑い）。

井深　あれは、薄い紙にふつうに書いて、さかさまにはりつけてそれで彫るんだよね。

本田　そうなんだ。あとではそうやったけどね。

井深　あ！　また、やったのか（笑い）。

Ⅱ 母親……時には動物のように

曽野 綾子

曽野《その》　綾子《あやこ》

経歴

一九三一年東京都生まれ。作家。一九五四年、著書『遠来の客たち』が芥川賞候補となり文壇デビュー。一九七九年ローマ法王庁よりヴァチカン有功十字勲章を与えられる。一九九三年第四九回日本芸術院賞恩賜賞。一九九五年第四六回NHK放送文化賞を受賞。一九九七年第三一回吉川英治文化賞、第四回読売国際協力賞を受賞。二〇〇三年文化功労者に選ばれる。近著に『言い残された言葉』（光文社）がある。対談は一九七八年に行われた。

お母さんは動物みたいに

曽野　井深さんのお考えについて一番考えさせられましたのはね、私、女の立場から見ますと——三歳までの子どもをもつ母親って、大体「動物」なんですよ。特別えらいお母さまは別として、もう、洗って、着せて、おしっこさせて、だんなのご飯をつくって……。そういうときに、意図的に教育の方向を決めなければならないということに、びっくりし、非常に目を開かせられた思いでした。

同時に、それじゃ、みんなそれができるだろうか、何かそれの「折衷説」みたいな部分があるんじゃないかな、なんて……。

井深　はあ。具体的に折衷説というのはどんな……。

曽野　まず、夢中になって動物的に育てることは、いたし方ない。ただ、動物のように育てる間にも……。

井深　そういうことを頭に置いて……。

曽野　はい。父親、母親がまともであれば、人生に対する何か好みみたいなものがあると思うんですね。高級なことじゃないけど、お父さんがうちへ帰ってきて、たとえば夏なら、じんべいさんに着かえて、ビールを飲んで、そこでしゃべること……それは上役の悪口かもしれないし、ローンを払うのに大変だ、という話かもしれない。しかしその中に、やっぱりある種の人生観のようなものがある。

それから、お母さんがやっと、動物みたいな疲れの中から、お父ちゃんのためにお夕食作らなきゃならないから買物に行く。そうすると、買物に行っていろんなものを買ったりなんかする間に、子どもがキャンデーを食べると、たとえば「捨てちゃいけませんよ」とか、「同じ捨てるならこういうかごにお捨てなさい」とか、よその子がこういうふうなことをしていたら、「あなたはしちゃいけませんよ」というようなことは、そういった雌の生活でも同時にできる、大した努力でなくてすむ。「これは意図的な三歳未満の教育だ」なんて言わなくても、自然に入るんじゃないかな、と思ったのが「折衷説」なんです。

井深　はい、はい。非常に教育ということを大変なものであるとか、時間を使わなきゃならないものであるとかいうことは別に言ってはいないんですがね。たとえば、同じレコードを生まれた直後から、毎日数分ずつ聴かせて、三ヵ月、四ヵ月たったときに、その赤ちゃんはそのメロディに、自分でリアクションを示す。……たった数分なんですよ、これ。

だから、やることなすことすべてにこういう気持ちを持ってやってもらえれば……そのためにえらい時間を費してもらいたいなんていうことではないのでね。

曽野　そうでございますね。また、実際それはできない。

井深　生理的な訓練ということを盛んに言っていますけど、たとえば、英語も入っている、スペイン語もフランス語も入ってる二〇分間のレコードを一日に二回ぐらいやっておく。暇なときちょっとかけておくという、それだけの話なんです、私の言うのは。ベッドのそばを通るたんびに「どうしてんの」とか、「何々ちゃん」とか声をかける。そういうことが必要であるという趣旨なんですけどね。

曽野　ただ、家庭の主婦が本当に疲れてまいりますとね、その二〇分のレコードをかけるのも嫌になると思うんです。私、そういう気持がちょっとわかります。自分が怠け者のせいか、とにかく二〇分あったら、ゴロッと寝て、枕を出すのもめんどうくさいから、肘枕やって……（笑い）。

井深　だけどね。たとえばカセット入れておけば、スイッチを押しておけば、一時間鳴ってくれて、それで自動的にとまるんですからね。やるんだったら、そういうことをやってくださいということなんですけどね。

曽野　そうでございますね。

井深　いや、「幼児教育、幼児教育」と言うから、えらい時間を使って、大変なことをしなきゃならんような印象を与えたとすれば、私の言い方、与え方が非常に間違ってたんでしてね。

曽野　いいえ、そうじゃないんでございますけども、私がいま言うように、二〇分間でも嫌だと思うんです……家庭の主婦というのは、それぐらい疲れる生活がある。ただ私ができると思うのは、レコードを一枚かけるのは面倒だけども、買い物に行くと、その中で道の歩き方とか、ごみを捨てないとか、それからお話をしながら歩くということができますね。特にこれはカセットもなくてもラジオもなくても、何してでもできる。そういうときにおしゃべりをするということは、そしてそのときにお母さんがひとつの……ちっとも高級でなくていいんだけど、ささやかな善意を持った人生観があれば、そこでずいぶんお話が違ってくるだろうなと思いますの。

井深　三歳以下と申しましたけど、主として一歳以下なんですね。そうしますとコミュニケーションも、向こうがわかるからコミュニケートするんじゃなしに……。

曽野　インプリンティング※の段階に近いわけでございますね。

井深　コミュニケーションを引っ張り出すアクションを、お母さんは不精をせずにとってほしい。お母さんはそれは忙しいには違いないけれども、追っかけ回してまでしようというんじゃない。ただし、三歳ぐらいまでに大体の、言っていいこととか、やっていけないこととか、そういうものをちゃんとしつけてしまえば、非常に後が楽になるということを……この「楽になる」ということを少しうたわなきゃ嘘ですね。

曽野　私は大変お恥ずかしいんですが、教養がないから（笑い）……本当なんです。たとえば、オペラって聴いたことがなかったんです。ケルンのオペラで歌っている大変に有名な岡村喬生さん※が帰っていらっしゃって「曽野さん、いっぺんぼくのオペラぐらいは聴きなさいよ」って言われて、もう恥ずかしくて……。「あなた、この前オペラ、いつ聴きましたか」って質問されちゃったんです。

そんな質問に答えたくないんです、恥ずかしいか

子どもと触れ合う

ら（笑い）。「一九六〇年にブラジルのペン大会に行ったときに、そこでフィッシャー・ディスカウというのを聴かされ……」、「で、どうでした」って言うから、「なんかよく、記憶ないです」なんて、恥をかかなきゃならなかった（笑い）。

とにかく、いよいよ「ファウスト」をなさるというので、去年でございますけど、伺いにいったわけです。そうしたら、結果を言うと非常におもしろかったんですけどね。メフィストフェレス※が禿げ頭のかつらなんです。昔のメフィストフェレスというのは、青ざめていたのだったのが、本当にギラギラした男っぽいような演出なんですね。私の席の後にドイツ人の新聞社の特派員の人が、七歳ぐらいのお嬢ちゃんを連れていらっしゃるんです。私は俗物ですから、「ファウスト」の音楽が分かる分からないかより、この子がどういうふうに聴くかということの方に、ちょっと興味があったんです。歌うのは全部日本語ですから、そのお嬢ちゃんにとっては、やっぱり外国語で歌っているわけでしょう。

そうしたらね、本当に、そのお嬢ちゃんは聴いていらっしゃるわけね、最後まで。それはやはり、「ファウスト」を彼女が何遍も聴いているからだと思うんです。私たちが、たとえば「ここはお国の何百里」というのを昔から聴かされて、歌詞も何も知ってるんだけど……そういうのがあるんじゃないかと思って……。

井深　生まれたときから聴いていたら、どんな難しい音楽であろうと、どんなに難しい文章、あるいは詩であろうと、そんなことは問題じゃないんです。

曽野　そうらしゅうございますね。素読もそうですけど……。

井深　クラシックの音楽ばかり聴かされていたら、それが一番フェーヴァリットなものになるんですね。だから「ファウスト」は難しいとか、バッハは難しいとか、シューベルトは易しいとか、そういうことは一切ない、と私は考えていろんなことをやっているわけなんです。繰り返すことによってどんなものでも、最初に繰り返したものは一番それが好きになる。

※「インプリンティング」　生まれたばかりの動物、特に鳥類で多くみられる一種の学習。目の前を動く物体を親として覚え込み、以後それに追従する。刷り込み。

※「岡村喬生さん」　岡村喬生（おかむらたかお）一九三一年生まれ。日本におけるバス歌手の第一人者。

※「メフィストフェレス」　ドイツの民間に伝わる悪魔。

幼児信仰と成年信仰

曽野　私はベートーヴェンは高級で、『おサルのかご屋』は悪い、って決めたくもない。やっぱり『おサルのかご屋』っていうのも、あれおもしろいですけどね（笑い）。

井深　いや、だからね。それが高級だとか何とかということを、そこで決めつけることは非常に間違いだけれども、この子どもが育ってった後にね、ベートーヴェンを楽しめる人がいいのか、『おサルのかご屋』を楽しめる方がいいのか（笑い）、そこまで考えてても、それは○歳から三歳ぐらいまで、その人の性格の一部を築き上げる根底になる。

これも非常に私大胆なことを言いますが、人間の性格というのはすべて「好きか、嫌いか」ということで始まっていくと思うんです。好き嫌いがどうして始まるだろうといったら、繰り返しだと思うんです。毎日牛乳をやってたら母乳より好きになるだろうし、母乳だけやってたら、母乳が一番好きなものになってくる。私はそう割り切っているんですけどね。

曽野　はあ。大体分かるんですけど、私の知り合いにそれに反対の人もいるんです。「ベートーヴェンなんか、何もならん」という人がいるんです。「ベートーヴェンなんて、何も思想がないので、あれがもし思想があると思えば、それは別のものから補足しているにすぎないので、あれ自体は何もない」と言う人がいるんです。「おれはベートーヴェンなんか全然いらない」と。

井深　それはちょっと乱暴だなあ（笑い）。ベートーヴェンであろうがバッハであろうが、そこに芸術性があるとかないとかっていうことを議論するのは、ばかの骨頂でね。それに、どう芸術性を感じるように自分をこしらえるか、こしらえないか、ということだと思うんですね。

だから、芸術性というものは、それ自体が、曽野さんの小説の中に持ってるか持ってないかというのは、これは読む人の問題だと思いますね。どれだけ筋のいいマテリアルであるか、筋の悪いマテリアルであるかということはあるかもしれないけど、それを本当に芸術性の、崇高なものに考える人もあるし、つまらないエロチックな見方ばかりしてそれを見てれば、そういう見方もできないこともないと思うんですがね。

曽野　だから程度のいいものも悪いものも、全部あった方がいいような気がするんです。

井深　だろうと思います。非常にきれいな、ピュアーだけのものはつまらないと思いますね。そこにいろんなことを感じさせる方がもっとおもしろい、いいマテリアルだと、私はそう考えますね。

曽野　たとえば音楽……自分ができないから非常にコンプレックスがあるわけなんですが、もっと分かったら、つまりもっと人生が楽しくなるという意味で、損したなあ、なんて思っているわけです。ただ、私が比較的得をしたのは、そういうものじゃなくて、もっと後年、大きくなってからしかありつけない思想的なものというのが……定着いたしませんでしたけど、楽しむことができた。

そして、そう言っちゃ悪いけど、往々にして音楽の分かる人で、全然そういうことの分からないのもいる、私から見ると。音楽というのはひとつの陶酔だから。向こうは私たちのことを音痴だと思ってる。こっちは音楽バカだと思ってるわけです……悪い言葉ですけど。それで、もっと思想的に深いものがあるのに、音楽じゃカバーできないものもあるという見方もある。

ですから、私は自分がなかったから、本当にもっと早くから音楽をやりたかった。音楽に限らずでございますね。語学だって何だって利用できると思います。

井深　それの一番最たるものは、信仰だと思うんです。幼児洗礼を受けて、生まれたときから教会へ連れていかれて、教会の雰囲気というものの中に育って、その人に本当に信仰というものが、それは恐らく生まれてくるでしょう。それと、中学校を出てから、自分がいろいろ煩悶して、自分に打ちかって、そこに本当の信仰というものができ上がるのと、これは全然異質の信仰だと思う。そう考えちゃいけませんか。

曽野　さあ……私が後の方だから……。

井深　無条件に神様というものを信仰するというのと、自分の理性をむしろ打ち砕いて、信仰というものを得ようというのと……。

曽野　私、鳥羽口は違うけど、同じような気がする。

井深　同じに到達するんですか。

曽野　はい。どこまで到達するかは、個性差というものなんでしてね。それとはあまり関係ない。ただ、早くから教会にずうっと行ってて、そして自然に体で信仰すれば……。

井深　そう、体で……。

曽野　私が言うのはエピキュリアン※的な意味で「もっと早く信仰を楽しめた……」という態度が悪いと言われそうだけども……。

井深　いや、いいでしょう。エンジョイという言葉でいいと思うんですよね。

曽野　はい。エンジョイですね。それができたんではないか、やっぱり損したな、という感じがするんです。

※「エピキュリアン」　快楽主義者。

非科学的な豊かさも

井深　話を戻して、〇歳─三歳のころは、やっぱり生理的にいい習慣というのか、生理条件をつけておくことは、ひとつも差し支えないんじゃないかと思うんですがね。

曽野　そうでございますね。つまり、肥沃な土地のようなもので、その上に何をまくかという……。

井深　そうなんです。それから後は、その人のチョイスになるんです。だから〇歳から三歳までは、これは母親が思うとおりのものを、インプリントしておいていい。ベートーヴェンじゃいけなく、バッハでもなく、童謡がいい、とそう思ったら、お母さんがやっときゃいいんで、何やったから悪いとかということは、別問題だと思うんです。

だから何でも入れられるものは入れて、一つのかっこうだけつくっておいて、それを打ち破って、どういこうかというときに、邪魔をしなきゃそれでいいんだと思うんです。ところが何にも入れないとすれば、テレビのコマーシャルのゴジラばかりが入っちゃうことになるわけです。

曽野　いつかテレビの悪口を書いたら、「曽野さんはテレビ嫌いなんだ」と言われちゃったけど、そうじゃなくて、テレビというのは、私、使い方だと思うんです。うちには八〇歳の年寄りが三人いるのですが……。

井深　三人ですか。

曽野　私の母と主人の両親で、七九歳と七九歳と八〇歳なんです。夏私たちが海に行くので、「おじいちゃまもいらしてくださいませんか」と言うと、「うん、行くよ」なんて言って、その日になると来ないんです。

……要するに、甲子園だか何か、野球が見たいんですね。それを朝から晩まで見たいんだけど、海のうちへ来ると、ちょっと遠慮して、それがとぎれて……お茶に誘われたら食堂に行かなきゃならない、それがいやなんですね（笑い）。私は、やっぱり年寄りにはすごくいいものだと思う。幼児のときだけはテレビだけに頼らないで……。

井深　そう。それと、お母さんが一緒に見るということだ、と思うんです。三、四歳になったらね。見方というものを教えるべきだろうと思うんです。ちょっとこまめに……。

曽野　やっぱり選ぶのはよろしゅうございますね。私、子どもが小さいころは、まだテレビはなくてもあたりまえの時代だったんですが……。

井深　お子さん、何人育てられました。

曽野　息子一人なんです、もう二三歳になりましたけど。彼の幼いころ、昔、私を育ててくれた人がおばあさんになって、また来てくれたんです。そうすると、町を歩きながら、息子にいろいろしゃべってくれて、「これは栗の木だけど、栗の木を生やすときはね、真ん中の栗と端っこの栗と、必ず二つ埋めてやんなきゃなんないんだよう」っていうようなことをこのおばあちゃんが言うんです。そのこと自体、正しいか正しくないかわからないんですが、実を言うと……。

井深　何ですって？

曽野　ほら、栗って、三つ普通ついていますでしょう。

井深　ああ、一つのイガの中に……。

曽野　私なんかは、栗の木を実から生やそうと思って、端っこの大きいのをまこうとすると、そのおばあさんは、真ん中の栗と、端っこの栗を必ずペアにして入れてやらなきゃいけないって、信じているわけです。

井深　雄と雌かな（笑い）。

曽野　そういう感じで、何かあるんですね。たとえば、そういうことね、それは厳密に植物学的に言ったら、「そんなことは全然ない、一粒でいいんだ」とおっしゃるかもしれない。ただ、息子がそのおばあちゃんにおんぶされながら……。

井深　そういう話を聞いたことは……。

曽野　それは、なんか知らないけど、非科学的であるということとの豊かさがあるように思う。それに当たる部分も、もちろんそれが正しい知識ならもっといいのかもしれませんけど、正しくなくてもそれは大切なことだと思います。

井深　話を、本当に人から聞くということは、まったく……。

曽野　すばらしいことでしょう。

「結婚は不成功が原型」と……

井深　旭川の小学校の方に聞いたんですが、胃の疾患のある生徒を、ずうっと統計的に調べますと、その七〇％は、三歳以下のときの夫婦げんか結果ですって……。

曽野　大きくなってからのことですか。

井深　六歳になって、入学のときに、胃をずうっと、みんな調べるんですって。

曽野　お父さんとお母さんの……、おかしいな、うちの両親けんかしてたけど、私、胃は悪くならない（笑い）。

井深　だから、けんかの仕方でしょうね。

曽野　うちはもう、地獄のような夫婦でした。ですけど、私胃なんか悪くなくて、バクバク食べてましたわ。

井深　非常に胃が強かったんですね（笑い）。

曽野　そうですね。恥ずかしいわ。

井深　それに打ち勝ったのかもしれないね。胃の方が……。
曽野　そうそう、これに負けちゃあ大変だと思って……（笑い）。
井深　生物というのは全部環境に打ち勝つように育っていく力はあるんですね。
曽野　私、この問題もよく言うんですけど、私は両親が仲が悪かったおかげで、せめてここまでまいりました。
井深　なるほどね。本質的に悪かったのですか。
曽野　父と母ですか。
井深　そこに問題があると思うんですが……。
曽野　よそのご夫婦だから、本当のことはわかりませんけど（笑い）。ですけど、それは大変な生活だった。母に落度があると私も夜寝せてもらえませんでした。ですから、父と母のどちらが悪いかなんてことは別です。ただ、父と母のことで、殴られて、顔をはらして……。
井深　ご自分が？
曽野　はい、父が殴りますから、暴力です。それから夜眠らせない。これはどっちがいいか悪いかを超えてますでしょう。

井深 夜寝させないって、どういうことなの。

曽野 罰として寝かせないんです。

井深 ちょっとこれはアブノーマルですね。

曽野 そうです。父が、母に暴力をふるうから止めますでしょう。うんと小さいときは止めないけど、六つぐらいになると、ちょっと止めに入る。そうすると私が殴られます。朝学校へ行こうと思うと、八時ぐらいでしょう。まだ顔が腫れていて外へ出られない。一〇時ぐらいまで遅刻しましてね、まだちょっとおかしいんですのよ、水で冷やしても。友達に「どうしたの」なんて聞かれる……まあ聖心という学校は穏やかな家庭が多かったから、あまり勘ぐって考えられないからよかったのですが、「夜中に、お手洗いに行くとき、寝ぼけてぶつかっちゃったのよ」……。

井深 よく、ぐれなかったですね。

曽野 おめでたかったんでしょうか。私、今でも世の中そんなもんだと思ってます。結婚も「不成功が原型だ」と思っているんです。

だから私、結婚するときに、何も望まなかったんです。どんな人でもよかった。ただ、寛大な人、人を許す人ならそれでいいと思った。うちのだんな、それには合うわけです(笑い）。ほかのことは分かりませんけど。

井深　感激的だな、これは。

曽野　簡単でしょう、あとは何でもいいんです。

井深　非常にすごいトレーニングを受けられたということですね。

曽野　そうなんでございますね。ただ……その後があるんですけど、それじゃあ、子どもを訓練するために、夫婦仲を悪くするっていうわけにもいかないんですね（笑い）。やっぱりどう考えたって、夫婦仲がいい方が楽しいですものね。だから私、絶対にアブノーマルには考えませんわ。

井深　そうすると、それは全然苦しみではなかったんですか、曽野さんにとって。

曽野　いえ、ですから――いまだから言えるんですけれども、「父を殺したい」と思った時が何度もありました。

井深　そう思われた！　それじゃ相当ですね。

曽野　私が父を殺せば、母が楽になりますから、母のためです。ところが、殺さなかった理由というのは、母が守ってくれたからとか、それからそのときに、もう一日思いとどまろうという……。

井深　いいんですか、こういうお話が活字になっても？

曽野　構わないんです。小説家というものは本当に解放されておりますから。それと私は健康を与えていただいていた。心と体の健康ですね。体が弱いと、やったかもしれないと思いますよ。それで思いとどまって、時間が流れて……。

井深　そしていつになって、信仰を持たれました？

曽野　高校生の時です。

井深　それまでは？

曽野　私、結構幼稚でしたから、シスターたちの後姿を見て、こういうふうに、何かをやるのに一生かける人になりたいと思いました。ですけど小さい時はろくろく聖書も知りませんでした。

井深　そうですか。

曽野　ですけど、私はいま、父に本当に感謝しているんです。

井深　そりゃ、そういうことになるでしょうね。

曽野　ええ、そういう極限を見せてくれた人ですから……。ほかの父親はそんなものを見せてくれないでしょう？　ですから私にとってはいい父だったんです。

井深　そりゃしかし、本当に大変な体験でしょうね。

曽野　意識としては、ダメですけれど。理性としては、とても感謝してるわけです。だから人殺しをする人に対しても、全然、自分と同等だと思っています。私も人殺しをしたかもしれないんですもの。

だから、「あなたつくる人、私食べる人」じゃなくて、「私殺す人、あなた殺した人」という感じです。それがいまでも抜けないんです。

井深　大変なお話だ！　いつお亡くなりになったの、お父さん。

曽野　去年でございます。六〇過ぎまして、母と離婚いたしました。というのは、報復として、母にお金を渡しませんでしょう。昔の人って、なんかみんな父の名義になっちゃうんですね。母が少し持ってきたものでも、みんな父の名義になっていますから、母も計算高くて離婚しなかったんでしょう。

もうひとつ、善意に考えれば、私のために一緒にいたんです。父は一見いい人でしたから。慶応義塾大学の理財科※を出て、外見はきさくな人なんです。だからそういう偽りの家庭を保っていけば……。

井深　一応、済んでいくわけですね。

曽野　私がだれと結婚するかわからないけど、一応両親がそろっていればいいだろうという、母には計算があったんじゃないでしょうか。そういうことはまったく不必要でしたけど。

井深　ああ、あなたのことを考えてね。

曽野　その後、父と別れるときに、私は母に、「とにかく別れるということは自由をあがなうことだから損をしなきゃいけない。全部お父さまに渡しちゃいなさい。お皿一枚まで、お父さまからもらおうと思わないで。私が全部引き受けるから」といったんです。「大体似たぐらいの生活させられるようになったから、全部置いてらっしゃい」と言って、別れてもらいました。

井深　結婚なさる前ですか。

曽野　いいえ、結婚してからです。三浦が「ああ、いいよ」というので、引き受けてくれて……。そして、父に後妻さんが来てくれた。本当に安心いたしました。……後妻さんは父をそんな人だとは思ってないわけです。結婚してみたら、果たして私の母と同じことが起きたわけです。

井深　ははあ。

曽野　父とけんかをすると、私にこっそり電話をかけてくるわけです。私しかわからないから、地獄が。私は後妻さんとこっそり仲よくしてて、それで父の最後までいまの奥さんがよくしてくれましてね。私はその方に言ったんです。「申しわけないけど、父が私に口をきくかも知れないと思うと、いまでもふるえがくるんです、こわくて」、だから「父が意識がなくなったら、私、手伝います」って。「もう汚物の世話でも何でもします」……ほぼそれに近いときから、私も父の世話をしたんです。

でも後妻さんが八五％か九〇％ぐらい、至れり尽くせりにしてくれましたの。私も手伝って、亡くなりましたけど、後妻さんとの間には気持ちのいいことばかりです。お互いに、入院費も「私が出します」「いいえ、いいんです。だって私だって稼いでるんですもの」みたいに言い合いましてね。本当にこんなにいい後味って、ないんじゃないかと思うぐらいだったんです。

井深　あなたも、そのままでは、寝覚めが悪いですね。お母さんがこっちに来てしまって、お父さんがほったらかされて……。

曽野　いいえ、寝覚めはほんとに悪くないんです。大きくなってからではなくて、小さい時に苦しんだわけですから。

井深　ないんですか、そうですか（笑い）。だけど、後妻さんに感謝されるというのは、やっぱりどことなく、気にはなるわけですね。

曽野　私は、人が不幸になるのを望んだことはないんです。だれでも、父でなくても幸せになってもらいたいと思いますもの。

井深　いや、えらい告白を伺いましたね、今日は。

※「理財科」　現在の経済学部。

Ⅲ おもちゃと私

津川雅彦

津川《つがわ》　雅彦《まさひこ》

経歴

一九四〇年京都府生まれ。俳優。幼少時より父・沢村国太郎主宰劇団で活躍し、一九五六年『狂った果実』（日活）で本格的なデビュー。映画『マルサの女』等の伊丹十三監督の作品に数多く出演する。二〇〇七年の主な出演作は『華麗なる一族』、映画『愛の流刑地』等。二〇〇六年にマキノ雅彦として映画『寝ずの番』を監督、二〇〇八年には『次郎長三国志』が公開。プライベートでは、一九七三年、朝丘雪路氏と結婚。長女誕生後に玩具店「グランパパ」を開店、現在全国に一三店舗を構える。対談は一九八二年に行われた。

身を清めて子の前に

井深　伝え聞くところによると、津川さんは非常にお子さんの教育にご熱心だそうで……（笑い）。それ、いったい、どういうわけでそうなったんですか？

津川　ぼくはご承知かどうか、非常に晩婚でした。娘が生まれたのは、三〇歳代の後半でしたから。結婚して子どもが生まれたら、どういうふうに育てよう、とか、いろいろ想像をめぐらしたり、理想を描いたりする時期がありましたものでね。

井深　ほう……感心だな、それは。

津川　ちょうどそういう時期に、数学者の岡潔先生※のご本を読みましてね、その中で、井深さんと同じように、やはり〇歳から三歳までがとても大切だ、ということをおっしゃってまして、私、それにとても感動したんです。岡先生は、三歳までに子どもの情緒というものの幅がきまってしまう。それ以後は、どう頑張ったって、幅そのものは広がらない、と言われるわけです。

井深　いま生まれた人だったら、どうにでもできる、というのが、我々の基本の考え方です。

津川　岡先生は、そして三歳ぐらいまでは大自然が子どもを育てるのだ、と。だから親は、うしろからちょっと手を添えてやればいいんであって、あまり前に乗り出すな、と言われているんです。ああそうかな、じゃあ、あまり教育なんていうことを考えないで、なるべく大自然に任せておくことだなあって思っていたんです。

ただ実際に生まれてみると、子どものおしめをどう替えたらいいか、とか、お乳をどういうふうに飲ませたらいいか、とか、そういう下世話なことしか思いつかないわけです。それで気がついてみたら、子どもが、ぼくのくせを、全部とっているんですね。ぼくは腰が悪いものですから、家にいると、たいがい寝そべっているんですよ。そうすると子どもも、いろんな形で寝そべっているんです。テレビを見るときも、おもちゃで遊ぶときも。

井深　ハハハハハ。

津川　いろんなことが全部真似されてしまっているんで、「あ、そうか、つまり子どもの教育ってのは、要するに、見てもらって真似してもらうことなんだ」と。「大自然」と岡先生が言っておられるが、要するにぼく自身も自然の一部なんで……。

井深　そうなんですよ。

津川　だからぼく自身が、子どもが生まれる前には、あらためて身を清めて、子どもの前に現れなきゃいけなかったんだ、ということに、あとで気がつきましてね。

井深　ことに、お母さんの後ろ姿で学ぶということは……。

津川　はいはい。

井深　非常に意味の深いことですよね。

津川　子どもは、ぼくらが意識していないときの、ぼくらの後ろ姿を見ているんだ、ということを、さかんに言うんです。

井深　そう、意識的に接していないときの姿勢を受けとめるんですね。

津川　それ、決して抽象的な意味じゃなくて、本当に後ろ姿なんですよね。

井深　だから形というものも、やっぱり非常に意味が大きいと思いますよ。子どもの情操とかマナーとかを育て上げるには、初めはもう形ですよ。もちろん愛情の裏付けも必要ですが、「おはようございます」とか「ありがとう」とか、あるいは仏壇に手を合わせるとか、むしろ中身より形から、いい後ろ姿を見せなければ嘘でしょうね。

津川　ところが、いまの時世の教育というのは、どんな結果を生んでいるかというと、女の子の生理って、昔は高校生ぐらいからだったのに、最近は小学校の三年、四年という子すらいるわけでしょ。人間の、動物としての面が重視された結果がこれなんですよね。

犯罪だって、低い年齢での増加がはっきりしていますでしょ。極端ないい方をすれば、物理学の発達の段階から見れば、まだまだ、できるべき時期にはなってはいなかった物が、突然変異のように、できてしまった、ということは、もしかすると、神の啓示かも（笑い）知れない、という。

井深　そう岡先生が言っているの？

津川　そうです。神さまが怒って、もう、人類なんか淘汰してしまえ、と、そういうお考えかも知れない。いまのおとなは、もはや救い難いから、これから生まれてくる子どもをうまく育てて、やりなおさせよう、と、そういうお考えのあらわれかも知れないって。

※「岡潔先生」　岡潔（一九〇一―一九七八）奈良女子大学名誉教授。理学博士。ノーベル物理学賞受賞者の湯川秀樹氏、朝永振一郎氏は京都大学での教え子。

お母さんのちょっとした行動で

井深　言ってみれば、それが考え方のポイントですよね。現在の人間をよくしようったって、それはもうしようがない、ということですよね。ただ、いまのお話とちょっと違うのは、生まれてすぐからの時期についての考え方ですがね。三歳で人間、ほぼきまってしまうということは、実にその通りで、「三つ子の魂、百まで」っていうのは、もうまさに……。

津川　すばらしい表現ですよね。

井深　ええ、うまいと思いますが、私の言いたいのは、いまの発達心理学とか教育学というのは、〇歳からどんどん進歩し、発達していく、というところを忘れていて、二歳、三歳くらいからしか、幼児教育の対象に考えていないっていうことなんです。ところが、赤ちゃんは、三ヵ月もたつと、毎日おっぱいをくれるお母さんが一番好きになってしまうでしょ。生まれてすぐからくり返されることっていうのは、実に重要な意味があるんですよね。

津川　はい。

井深　私流に言うと、人間は一年間早産してるんです、動物学的に言って。

津川　あ、それわかります、なるほど。

井深　その早く生まれてしまった一年間に、最も激しく成長する……その代表が脳の配線ですよね。脳の細胞っていうのはもうでき上がってるんですが配線の方はそれからどんどんできていって、一年間に脳の重さは三〇〇グラムから八〇〇グラム以上までに成長するんです。急成長するときに、何をなすべきか、ということに目をつけるのを忘れてるんですよ。

いままで赤ちゃんがうまく育つかどうか、ということが問題だった間は、医学的なケアが最も大切だったけど、いまはもう、脳の配線ができる間に、どういういい配線を入れてやるか、ということに目をつけていいはずですよね。ましてね、おなかの中で、赤ちゃんが何でも聞いている、ということがはっきりわかってるんですからね。

津川　あ、そのあたりは初耳です。

井深　マイナス三ヵ月、四ヵ月で、赤ちゃんは、おとなたちの会話でも、ラジオの音楽でも、何でも、おなかの中でみな聞いているんですよ。いままでは、聞こえるわけがないって言われていたんですけど、実はちゃんとはっきり聞こえているんです。音ばっかりじゃないんです。お母さんのちょっとした行動で、胎児の脈拍も上がることがあるんです。お母さんが、それをしようと思っただけで、赤ちゃんの脈拍に響くんです。ホルモンとか、生理学的な条件らしいんですね。だから「胎教」ということは、生化学的にあり得るわけですよね。

津川　先ほどの一年早産というのは、よくわかります。動物は生まれるとすぐ、立って歩きますからね。

井深　人間とチンパンジーの違いは、そこだけだって、私は言うんですよ。そこを人間らしく扱ってやらねば、何にもなりませんでしょう？

津川　とっても説得力ありますね、その言い方は。

井深　早く産み出されてしまった、その一年間は、お母さんはうんとかわいがってやっていいけど、一年たったら、こんどは動物たちのように、つき放してやるということを、極度に努力しなければいけないでしょうね。

津川　動物の場合は立ち上がったらもうあとは一所懸命お母さんについて歩くわけですからね。

井深　アヒルやカモなんていうのは、卵から孵ると、親のそばを離れないように一所懸命ついて歩きますでしょ。あれね、下り坂のときは、ヒナもちょっと楽をする。努力をサボってるんですけどね、登り坂のときは、遅れちゃ大変だから必死なんですよね。人間の赤ん坊だって、お母さんのお乳を吸うっていうのは、相当の努力が必要なんですよね。楽に出てくる哺乳びんとは違いますからね。

津川　育つ方の側も、真剣であるべきなんですよね。

電気機関車のユメが

井深　私はね、教育には絶対足りないのかな、という感覚が必要だと思うんです。いまは与えられすぎですよ。

津川　ぼくが親から教わって、一番よかったと思うことは「おなかが空いてからでなくては、食事はおいしくない、何事もそうなんだ」と言うのです。「幸せを倍増させるためには苦労せよ」と、必ず逆の方向にまず動きがないといけない。舞台の上だって、右へ行くときは、まず左へちょっと振ってから右へ動く。そこに動作の優美さが出るってね。

井深　うん、なるほど。

津川　ぼくの小さいとき……小学校へ上がる前ごろですが、舞台へよく出させられました。私の映画の出演料はブリキでできた小さなジープですよね（笑い）。車輪のところに輪ゴムがひっかけてありまして、その輪ゴムをクルクル巻いて、その戻りで動くんですよね。

井深　そうそう、あった、あった。

津川　そういうのを一〇台、二〇台ってもらうんです。そうすると、大道具の人が木片で車庫を作ってくれたりするんです。そのころ、おもちゃの電気機関車が現れたんです。たしか三〇〇〇円だったと思います。

井深　そりゃ、大変だ。

津川　ぼくは京都に住んでいましたけど、東京で出演しているときは、その電気機関車を見にデパートへ連れてってもらうんです。そういう約束なんです。ところがあるとき、『一本刀土俵入り』っていう芝居で、女の子の役をさせられましたら、長谷川伸先生※が「いま出ている子役はなかなかうまいじゃないか」っておっしゃったんだそうです。父が「うちの息子です」って言いましたら、「ずうっと見てたけど、最後まで女の子だと思ってたよ、うまいじゃないか」とほめてくださったんです。

井深　一本刀に女の子が出てきますか。

津川　出てきます。「おつた」という女の、前の男との間にできた子なんです。

井深　相撲取りの出てくる前ですね。

津川　ええ。そしてその父親が帰ってきましてね。「これがチャンだよ」と言われても、子どもの方はなかなか「チャン」とは言わない、それ、やっと「チャン！」って呼んで、涙をさそう場面なんですけどね。

長谷川先生が「そういえば、あの子役はときどき前のところをさわってたな。女の子にしちゃ変だと思ったが、やっぱり男の子だったのか。今度から気をつけなさい」って教えてくれて、とても恥ずかしかったのを覚えてますけどね。

井深　ハハハハ。

津川　そういうことがあったあとで、うちへ帰ってみたら、その電気機関車があったんですよ。

井深　ほう！　どうして？

津川　「あの先生はとてもえらい先生なんだ。お父さんなんかほめられたことがない長谷川先生に、お前はほめられたんだ。だからごほうびにこれをやる」って。

井深　ほう……さすが役者だな。

津川　ええ、親父はうまかったと思いますよ。役者としてほめられたことの値打ちと、自分の力で夢が実現する、という体験と、両方をいっぺんに小さな息子の私に味わわせたわけですよね。

井深　お父さんもなかなかの教育者だ。

津川　ほめられ方と、与えられ方、最高でしたよね。親にしてみれば、息子にやらせたい職業に、うまくはめ込んだ、その陰謀。

井深　芝居っ気。

津川　演出ですよね。

井深　いくつのときでした？

津川　数え年で七つでした。

井深　私も思い出すことあるなあ。私は小学校のころ愛知県にいましたんでね、広告かカタログで見たんだろうな、東京にいろんな材料を組み立てて遊ぶ科学教材を売る会社がありましてね、それを次から次へと注文して買ってもらうんですけど、お金を送って品物が着くまで半月ぐらいはらくにかかっちゃうんですよ。だから学校から帰ってくるたびに、まだ着いてないか、まだ来てないかって、その待ち遠しいことといったら！　いまでも思い出しますねえ。

津川　そういう期間のすてきさというの、ありますねえ。

井深　求めるものがすぐ手にはいるのも嬉しいには違いないけど有難味は少ないねえ。

津川　そう言えば思いあたりますね。私たち夫婦は仕事の関係で、娘といっしょに寝てやる、ということがなかなかできないんですが、それを私、逆手にとりましてね。事ある毎に「パパはお前と寝たい、寝てくれ、寝てくれ」って言うんです。でも当然「いやだ」って言います。

それがいま定着して「パパとは絶対寝ない」ということになっちゃいました。彼女の方から拒否してる形です。結局、満ち足りすぎて拒絶反応が出てきたのかなあ、という気がするんです。

井深　なるほど。

津川　ソニーの例のトーキングカードを娘に与えたときにも、はじめは楽しく遊んでいたんだけど、あまり効果はないようだったんです。それで私、とり上げちゃって、私がそれで遊んで、「これはパパのだ」っていっていると、それを見て前より熱心にやりたくなっちゃうわけですね。「となりの芝生は青い」みたいに……。

※「長谷川伸先生」　長谷川伸（一八八四―一九六三）小説家・劇作家。大衆文芸や演劇の向上を目的とした活動で知られる。

おとなが買いにくるオモチャ屋

井深　お宅ではお子さんは、おいくつ？

津川　七歳になりました。娘が生まれましたときにね、まず最初のおもちゃって何だろうって思いました。最初はおしゃぶりですよね。おしゃぶりはやっぱりプラスチックじゃなくて木だ、と。で、探しに行ったら、ないんですよ。

井深　そりゃ、やっぱり木だなあ。衛生的にはプラスティックの方がいいかもしれないけど。

津川　やっと、高級なおもちゃといっしょに陳列ケースの中に出ていたのを、二、三個買って与えることができましたがね。
井深　おもちゃ屋さんをやっておられるということ伺いましたけど、そんなことからですか？
津川　ええ、娘を連れて遊園地めぐりとおもちゃ買いの旅行をしようという計画を持っていて、世界のおもちゃ屋さんって、どんなおもちゃがあるのかな？　って、情報を集めていたんです。そしたらニュールンベルクに、世界中のおもちゃが一堂に集まる見本市があるから、そこへいらしたら、みんな見られますよって教えてもらったんです。
井深　あれ、普通の人、入れてくれますか？
津川　キディランドの一員として行かせてくれる、ということで、連れていってもらいました。ま、それがきっかけになりましたね。
井深　あなたのおもちゃ屋さんは、どこですか？
津川　青山一丁目のツインビルの西館です。一度ぜひお寄りください。
井深　輸入品ばかりですか。
津川　ええ、輸入品が主ですが、日本はいいがん具職人がいっぱいいるんですよ。皮のお人形をつくっている人とか、ミニアチュアの家具をつくる人とか、カラクリ人形を昔のままつくってる人とか。だけど色彩にしても、堅牢さにしても、素材の使い方にしても、外国の方がいいですね、やはり。

井深　子どもが買いに行くお店ではないわけですね。

津川　ええ、おとなが買いにきて、子どもに与える、そういうおもちゃ屋です。だいたい〇歳から三歳ぐらいまでの、素朴なものが中心です。

井深　近ごろはかえって、外国で日本の物ばっかり売っているんで、面白くなくなりましたね。

津川　ぼく、アメリカのおもちゃは、ほとんど知らないんですが、この間、メリーゴーランドのいいのをアメリカでみつけましてね。ぼくはメリーゴーランドというのは、ただグルグルまわるだけでなくて、高くなったり低くなったりしながらまわるものだ、と思っていたんですが、そういう動き方をするメリーゴーランドってないんですよ。ところがそういうのを、アメリカでみつけて、「わーい、これほしい！」っていいましたら、これを買うやつは頭がおかしいって、止められちゃいましてね。聞きましたら、とっても小さくて四〇何万円なんですよ。「商売になるものじゃありませんよ、買うのはやめなさい」って言われたら、腹が立ってね「じゃ買っていこう」って（笑い）、三台ばかり買って（笑い）、適当に値段をつけておいたら、二台は売れちゃいましたよ。買う人がいるんです、やっぱり。

井深　ははーん！　いやこれは。

津川　高いといえば、日本で古いと思われているブリキのおもちゃね、日本製が結構輸出されてましして、一時期相当出回ったんです。あれは大量生産ができないんで、工程がふえてコストは意外に高くつくんです。

井深　なかなかくわしいわい（笑い）。私も実はおもちゃが好きでしてね、この間カンサスシティへ行きましたとき、世界でも有名なグリーティング・カード をつくる会社なんですが、私が好きと知って、骨董的なすばらしい値打ちのおもちゃのコレクションを、わざわざ並べておいてくれたんですよ。感激しました。

津川さんもたしか、立派なコレクションをお持ちですね？　ベルサイユ宮殿のミニアチュアなんか、たしか、拝見したことありますよ。

津川　ところで、黒柳さんのトットちゃんの本が四〇〇万部売れたとか、今、子どもの教育については、みんな関心を持っていますねえ。ぼくが木製のおしゃぶりの話をちょっとテレビでしたら、木のおしゃぶりの売上げが倍増したそうですしね（笑い）。あともう少ししたら、世の中とても良くなるんじゃないでしょうか。

Ⅳ 超感覚・繰り返し・吸収力

七田 眞

七田《しちだ》　眞《まこと》

経歴

一九二九年島根県生まれ。七田チャイルドアカデミー校長、しちだ・教育研究所取締役会長。現在、七田式幼児教育を実践する教室は全国で約四五〇を数え、アメリカ、韓国、台湾、シンガポール、マレーシアにも七田式教育論が広がっている。一九九七年、社会文化功労賞受賞、世界学術文化審議会より国際学術グランプリ受賞。国際学士院の世界知的財産登録協議会より世界平和功労大騎士勲章を受章する。対談は一九八八年に行われた。

五感を超えた感覚

井深　私が先生にお願いしたいのは、潜在意識と顕在意識というものについて、もうちょっと素人にぴんとくるような例でも挙げて説明していただくと、非常に分かり易くなるということと、それから、能力逓減《ていげん》の法則※の、数字の出どころをはっきりしてほしい。

七田　子どもの能力に、能力逓減の法則が働くと、世界で最初に言い出したのはドイツのカール・ビッテ※です。

　人間の脳の仕組みは、〇歳から六歳までは潜在意識的直感的思考の時代で右脳が優位な時代、六歳からは頭の働きが変わって、顕在意識的論理的思考が働く、左脳優位に変わる、といわれます。この潜在意識の働きに、〇歳のときほど天才的に働く力があり、それが次第に減じていくという逓減の法則が働くのです。

　音楽では、絶対音感の木下達也先生※がおられて、絶対音感を子どもが身につける能力は、五歳児を一とすると、四歳児は二、三歳児は二・五～三になり、六歳では〇・五、七歳では〇になると言っておられます。（次ページの「表1・年齢別絶対音感習得能力表」を参照）

　これは、逓減の法則が働くからです。

井深　鈴木鎮一先生※も、逓減の法則については言っておられたんですね。我々、幼児開発の仕事をやっている者には分かるのですけれども、もっと、みんなに分からせるということを、ぜひやっていただきたいと思うのです。

やっぱり逓減の法則というのを、しっかり分かって何かをするのと、ただ小さい時からやったらいいというのとでは、ずいぶん違いますよね。

七田　ソビエトでは「能力の効果的発達の可能性の不可逆的消滅」というややこしい名前で、逓減の法則のことを言っているんですね。アメリカでも同じようなことを言っておられるし……。

私は講演の時には具体的な例で逓減の法則の話をするんです。仙台に広瀬幼稚園という、音楽に非常に熱心な所がありまして、毎年音楽発表会をなさる。ある年、園児たちにベートーヴェンの「第九シンフォニー」の「歓びの合唱」

表1. 年齢別絶対音感習得能力表

	3歳	4歳	5歳	6歳	7歳〜
絶対音感を身につける平均的能力	2.5〜3	2	1	0.5	0

（「子どもを音痴から守る法」東京楽研より）

というのを原語で歌わせた時、一番先に覚えたのが三歳です。四歳児は覚えるのにちょっと苦労して、五歳児になるとどうしても覚えられない子が出てきたんです。そういう実例がある。

井深　そういう集団の数字をとらないとうそでしょうね。データをとり易いプログラムを考えて、数字を各幼稚園で出してくださいというふうにして……。

七田　絶対音感の能力もそうですが、運動の能力にも逓減の法則があるんですね。私は、運動の能力は遺伝で、後からやっても、あまり変わらないだろうと思っていたんです。

その考え方で、上の子どもの時は、走ることなんかしないで育てたんですね。ところが、下の子どもたちは逓減の法則があることに気づいて、一歳、二歳から走らせた。そうしたら、親の素質とは関係なしに、足の速い子どもたちが育ちました。ですから、上の二人は遅く、気をつけた下の二人は、非常に走るのが速い。

井深　いま、幼児開発協会のほうにご協力願っている、青木宏之先生※という武道家がおられます。その先生は人の気配を感ずるという、「気」の非常にすぐれた人なんですが、新体道という体術の創始者なんです。

その「気」というのはどういうことかと言うと、その先生が向こうを向いて座っている。

後ろから刀でわっと斬りつける。そうすると、すっとよけちゃうんです、斬る前に。見ているると、どいたところを斬っているみたいに見えるんですけど、それを四年前、筑波で開いた「科学・技術と精神」という国際シンポジウムでやりました。それを見たって、恐らく外国人には分からないだろう、というのが私の考えだったんですが……。そうしたら案の定、セミナーが半日間もつぶれちまうぐらい大騒ぎになったんです。インチキだとか本当だとか言って。

それで結局、私、サジェストしまして、脳波をとろうじゃないかと。斬る人も斬られる人も脳波をとって、後で波形分析したら、きれいにα波が同一時刻に出ているんですね。

そこで、私はこの「気」の問題を子どもにやってごらんなさいよ、って言ったんです。そしたら、それを新潟県の長岡の幼稚園で、三歳児と四歳児と五歳児にやってみた。

やったことは、特別の学習も何もない。一日前の日に先生が行って、正座の形みたいなのと、精神統一できるようなことを教えて、それから、新聞紙を丸めて、園児に向こうを向かせておいて、後ろから叩くんですよ。それをどれだけよけられるか。

そうしたら、三歳児は一〇〇％みんなよけられる。四歳児になると八八％。五歳になるともう六八％。大人は、と聞いたら、五％以下、厳密には三％だと言われるんですよ。

老若男女を問わずね。これなんか、もうちょっとまとめていくと、逓減の法則にぴったりだ。だから、胎児までいけば、どうしても超能力の問題になってくる……。

七田　私は、幼児の潜在意識には、大人にはない三つの不思議な能力があると言っているんです。

一つが今出た超能力と、二番目がパターン認識力ですね。三番目がコンピューター的能力。

井深　超能力と言ってはいけないんですね。当然ある能力。

七田　五感を超えた、超感覚と言うと分かり易いかもしれない。

それと、井深先生も書いておられますけれども、論理的な考え方が進むようになると、そういった感覚は消えていく。ですから、脳に障がいを持った子どもの場合は、むしろ超感覚が非常にすぐれている。

井深　それから、漢字なんかにしても、漢字を教える場合に、石井勲先生※も七田さんもそういう表現をしておられるけれども、顔だの目だのという身近で意味の分かるものはすぐ覚えるという、その点が、私と違うところです。子どもの覚え方は、どうも我々が思う覚えるという感覚ではない気がするんです、さっきおっしゃった特別の感覚ですから。覚えるのに、よりどころがあるというのも、もう既に左脳の働きで、顕在意識。反対に、そうしたよりどころなしに覚えるところが、子どもの一番おもしろいところだと思うんです。だから三歳くらいになって、はっきりしている子どもでは、もう遅過ぎるんです、特殊感覚、超感覚というものを養うためには。その前に入れなきゃならない、○歳の時に何をしたらいいかというところを我々は確立しなきゃならんと思うんだな。スセディック実子さん※の例もありますが。

七田　私もお会いしたんですけれども。実子さんのお話を聞いても、カール・ビッテを読みましても、子どもを叱らないで育てる、そこが一番大切なところではないか。もう叱って育ててしまいますと、頭のほうに壁ができてしまって、何も受け入れない頭になりますから。

どなたもみんな成功した方は、何よりも一番赤ちゃんの心を大切にしておられる。そこが一番重要なところですね。

井深　カール・ビッテにしても、初めは遅鈍だったと言いますね。

※「能力逓減の法則」　新生児～幼児期に最大値を迎える子どもの能力が年齢とともに引き出し低くなってしま

うこと。

※「カール・ビッテ」　カール・ビッテ（一八〇〇―一八九三）八歳で六カ国語をマスター。九歳でライプツィヒ大学入学。一四歳で哲学博士号取得。一六歳でベルリン大学法学部教授を任命された。

※「木下達也先生」　木下達也。音感教育研究者。一九六七年「木下幼児音楽研究所（現・木下音感楽院）を設立。「音感かるたによる連合学習教育システム」を確立し、木下式音感教育法と命名。一九七四年「子どもを音痴から守る法」を発表。一九七六年「木下式音感教育指導者協会（現・木下音感協会）」を設立。

※「鈴木鎮一先生」　鈴木鎮一（一八九八―一九九八）。スズキ・メソード音楽教室主宰。音楽を通じて心豊かな人間を育てることを目的とする教育法を提唱し、才能教育研究会を設立した。

※「青木宏之先生」　青木宏之。武道家・書家。心身を開発する現代人のための体技として新体道を創始する。

※「石井勲先生」　石井勲。教育学博士。幼児期の漢字教育の必要性を説いた「石井式漢字教育」を提唱。

※「スセディック実子さん」　スセディック実子（館林実子）。夫ジョセフ氏の理論「赤ちゃんは生まれる前から学び始める」という胎児教育を実践した。

七田　例えば脳に障がいがあっても○歳から三歳といった乳幼児期を大切にしますと大変違ってきます。

私の関わった実例ですが、新潟の大学の先生のお子さまが、脳性麻痺で、どこの病院に連れていっても、四〇か五〇どまりのＩＱしか育たないだろうというふうに言われていたんです。奥様が手紙をくださって、それから指導が始まりまして、二歳の頃にはどうしてこんなに賢く育ったんだろうというほど、賢く育たれまして、今じゃＩＱ一五〇ぐらい軽く出しておられる。おじいさんが小児科医さんで、長年、子どもを見てきた経験からしても、こんなことはあり得ないとおっしゃって。それが現実に、自分のお孫さんで、そのように非常に賢く育った。

井深　残念ながら、ドーマンさん※にも○歳の例がないですね。もっと早い頃から手をつけなさいよと、私は随分そう言ったんだけど、ドーマン先生の所に連れて来られるのが、全部遅くなってから来るからなんですよ。

七田　しかし、お母さんの反応も昔とは随分変わってきましたね。講演に行きましても、以前は本当に冷ややかな話の聞き方をされるお母様方が多かったんですが、この頃はとても熱心に聞いてくださいます。データが豊かになったというようなこともあるようですけどね。

しかし、スセディックさんの場合には、四人のお子さんそれぞれで、同じやり方でしなかったんですね。大変な工夫をなさるお力を持っておられて、そこが素晴らしいなと思いました。ほかの方が工夫がつかないようなことをどんどん工夫して、子どもを楽しませるということを知っておられたので、子どもがお勉強を楽しむようになった……。

井深　特別利口な子どもをこさえようという意図はなかったんだということを盛んに主張しておられてね。

七田　ですから、私は子どもの吸収力を育てることが問題だと。

井深　そうですね。マテリアルは何でもいい。だけどそれを入れることをやらなきゃだめなんですね。

七田　それをやったということで大変な吸収力が育ちますから。ですから後のお勉強が非常に楽になる。

私が幼児教育の勉強を始めました時に、資料は何があったかと言いますと、古いカール・ビッテのことを書きました本と、その次に見つけましたのが、鈴木鎮一先生のご本なんです。才能は生まれつきでないというようなご本だったと思いますね。

終戦直後の非常に質の悪い紙のものなのですが、今も大事にその本はとってあるんです。その本で、私も随分勉強させられました。

井深　だけどカール・ビッテだとか、ウィーナー※だとか、いままでにあれだけ、ああいう人が現れていて、なぜもうちょっとアメリカあたり本気になって動かなかったんでしょう。やっぱり〇歳というところに非常に抵抗があるんでしょうね。それと、お母さんと一体でなければならないということ。お母さんの力なくしてはできないということが、欧米では、日本と違う事情になるから。そういうものは、日本でこそやらなきゃいかんことだろう、と思いますね。

七田　『〇歳』※という本を読ませていただきまして、一番感じましたのが、先生のパターン教育は教育に革命をもたらすであろう、という一言ですね。

井深　木村久一さん※の本『早教育と天才』に、早く教育された人は、まる暗記が非常に苦手であるという表現がある。ミセス・ストナーも自分の娘さん、まる暗記術が非常に苦手だと。ほかにもあるんですよ。

そうすると、早く言葉が定着して、理屈が分かると、ただまる暗記というのは非常に苦手になる。だから、潜在意識をうんと先にやって、顕在意識のほうは後の後にしたほうが、人間の能力としては、うんと進むんじゃないかという気がするんです。

七田　パターン教育で潜在意識を高めますと、非常に吸収力が良くなる。ということは理解力が非常に高くなる。ですから、論理的な出発は後の話だということになってくる。

※「ドーマンさん」　グレン・ドーマン博士。人間能力開発研究所を設立。脳障がい児の治療と能力の早期開発を手がけたパイオニアとして知られる。

※「ウィナー」　レオ・ウィナー。ハーバード大学教授。カール・ビッテの教育を実践した。

※『〇歳』『〇歳　教育の最適時期』井深大著（株式会社ごま書房）のこと。

※「木村久一さん」　木村久一（きむらきゅういち）。早稲田大学教授。『カールビッテの教育』を翻訳出版し、早期教育を日本に知らしめた。

楽しく繰り返す工夫

井深　意味とか理屈であるとか、一切抜きにして、ただ機械的に覚えるということに、どうやって興味を持たすかということを工夫したほうがいいだろうと思うんですよ。

その意味というのは、後から自分で、あ、こんなことだったかと発見すればいい。和歌なんかの意味を大人になってから、初めて、ああ、こういうことだったかという人、いっぱいいるんですね。それが本当の教育で、自分で意味を悟らせるというのが教育の重要点だと思うんです。

七田　小さな二歳の頃に島崎藤村の詩を覚えるとしますね。その時には、意味は分かりませんけれども何かを感じる。

井深　詩のムードは分かる……。

七田　ですから、大きくなりまして、小さい時に全然詩を読んでない者は、それを読んだ時にもあまり感銘しない。ところが、小さな時にそれが入っていると、詩の心が非常によく分かる子どもに育つ。

井深　ムードとして受けとめているわけで、これはもう胎児からでもいいわけなんですね。

それで顕在、潜在というと、何だろうと思って、抵抗を感じちゃうから、左脳、右脳というふうに便宜的な言い方にしているんですけど。

七田　先生がパターン教育のところで、大切なのは三つのポイントだとおっしゃっていますね。

一番が繰り返し、これが大切。二番目は説明や解説は要らない。三番目は結果を求めるのを急ぐなと。私も全く同じ意見なんですが、実際に指導してみまして、一つ気がついたことがあります。これはぜひお母様方に伝えたいなと思うことなんですけれども。

繰り返しが大切ということで、それをやり過ぎると子どもって、特に赤ちゃんというのはすごく吸収が早い。ですから、もうたくさんというふうに思わせてしまったら、それが一番失敗のもとだと思う。もう要らないという時期があるんですね、絵本なんか。それなのに、お母さんはまだ三ヵ月も四ヵ月も同じ本を与えようとする。

拒否しないで受け入れている間はいいんですけれども、もうたくさんという時期がくるんですね。それはちゃんと見なきゃいけない。

井深　それはもう絶対見なきゃいかんですね。

七田　だから親のほうでプログラムを決めて、これは三ヵ月間やる、というようなことではなくて……。
　子どもが、これはもう学びとってしまったな、飽きてしまったな。だったら、これは卒業だと考えて、次にいかなくちゃいけませんのに、親御さんはそれに気がつかないんですね。
　そして、この頃は絵本も嫌い、カードも見ない、お勉強もみんな嫌いになってしまったとこういうふうにおっしゃるんですね。

井深　それは大変なポイントですね。

七田　楽しめる工夫をして繰り返す。飽きないという工夫が一番大切だと思います。
　井深先生はパターン教育で何を育てるか、愛、心を育てる。愛や心を抜かした半分だけの教育ではいけないと書いておられますが、お母様方は、こういうことを知りましたからやってみるという、つい教えるほうへ、教えるほうへ傾いてしまう。その上子どもの心を読み取ることができないから、無理強いをしてしまって嫌いにさせている。そうなると、今度は早期教育が悪いというような非難になるわけですね。本当に子どもの心が読み取れる、そういうお母さんであってほしいですね。

急がず、求めず、見つめる

井深　早期教育で、本当に成功したと思えるのは、カール・ビッテだけですね。ほかの人は、ウィーナーでも、自伝に書いていますが、自分は決して人から愛される、可愛いなと思われる人間には育たなかったという。お父さんが厳しかったらしいですけどね。

七田　まあ、早期教育の例が少ないからそんなことになるのでしょうけれども、今どんどんやっているお母様方の中には十分子どもさんの心を読み取っている人もおられます。

それは先生が書いておられますように、結果を急がない、求めないというお母さんなんです。ですから、例えば、言葉が遅くても、あまり気にしておられない。普通、一歳三ヵ月ぐらいになると、言葉が出ない、言葉が出ないと言って、やきもきして、心配をし始める人が多いんです。

井深　そのやきもきが全部子どもにうつりますからね。

七田　それが全部子どものストレスになってしまいますね。まずそういったことは気にしない。それからおむつをとるのも、のんびりと。

井深　幼児開発協会※では、おむつをしないでする子育てということを考えているんですよ。おむつを上手に早く外せるというのは、子どもとお母さんとの関係の問題ですね。お母さんがどれだけ注意深く子どもの態度を読み取れるようになるかという、一番最初のカリキュラムがおむつだと思う。中国で聞いたら、おむつがないせいもあるかもしらんけど、三カ月、五カ月になったら、もうおむつ外せますよと。そういう答えでしたね。

七田　いま、日本では、平均が上がっているわけですね、とれるのが。

井深　二年四カ月くらいですよ。

昔は一年たってもおむつが外せないというのは、お母さんにとって恥ずかしいことだった……。それはお母さんが子どもをコントロールできないということですね。

それにしても〇歳という言葉、分かる人にはぴんとくるんだけど、分からない人もまだ多くて……。

七田　そうですね。分からない人は全然分からない。

私の指導している久留米の教室では、お母さんが生まれて三カ月、五カ月の子どもさんを連れて来られるんです。そこで先生がカードをぱっと見せるというやり方をなさるわけです。二カ月たちますと、もうカードをとるんですよ、五カ月の子どもが。

それでまずお父さんがびっくりなさるんですね。そんな三カ月の子どもに分かるはずないじゃないかと言っておられたのが、二ヵ月ぐらいでそうなる。一〇ヵ月、一一ヵ月という子どもが、コンピューター的な計算をポーンとやってしまうんですね。パターンの能力が非常にあるという証拠だと思うのです。びっくりするような結果がどんどん出てくる。

ですから、もう私に言わせたら、本当に、赤ちゃんは一人残らずみんな天才。でも世間はそうはとらなくて、そういう天才もある時期を見逃したら、急速に減じていくんだという考え方にまだなじまないですね。みんな天才に育ててどうするんだと。うちなどは天才に育ててもらいたくない、という言い方をなさる。なんかそういうふうに育つと心までゆがんでしまうというふうな思い込みがある。

井深　だからいま、後半分にされている心や感性を前半分にすることの大切さが出てくるわけですから。

七田　そうですね、それを強調しないといけませんね。

※「幼児開発協会」　財団法人ソニー振興財団（一九七二年設立）と財団法人幼児開発協会（一九六九年設立）は二〇〇一年に統合、財団法人ソニー教育財団と名称変更した。

漢字・日本語の魅力

七田　日本は昔、素読というようなことをやっていた時代には、非常にすぐれた人が育っていった。

井深　しかもそれが、ごく自然に行われてきたわけですよね。明治だの、大正の古い人たちには。

七田　あの頃までの日本の教育というのは、本当に世界にすぐれた教育だったと思うんです。

そういう意味でいま、日本の子どもたちのレベルは、歴史上最低のレベルというところじゃないかと、私は思うんです。

井深　特に、文化性と言いますかね。それの低さときたら、驚くべきものですよね。

七田　先だっての新聞にも出ていましたが、高校生で二けたの引き算ができないという子どもが非常に増えているとか、あるいは私が講演に行きましても、九九のできない中学生がいっぱいいるのが、現実だというような話を聞かされます。

そういうことで、世の中が進みまして、習うことが増えて、それを消化しなくちゃならないから、新幹線授業をやる。現実についていけない子どもたちがどんどん増えているんですね。

ブルーナー※でしたか、習うことが多いから、いままで二〇年で学校を卒業できる内容であったものを、いまはこれまでのスピードと同じでやっていくと四〇年かかると。非常にたくさんの内容を詰め込んで教えますから、大変なスピードで進むわけですね。そうすると、幼児期にそういう吸収力のいい素質をつくってない子どもは、ついていけないということになるんですね。


井深　日本の場合、その基礎に漢字を持っているというのは、すごい大特権だと思いますね。漢字に匹敵するマテリアルというのは、他にないですよね。

僕は、東洋というのは、漢字があっての思想じゃないかとさえ思う。漢字というのは、非常にあいまいな意味を持っているんですね、一つ一つが。それが、クリエイティビティとか、いろいろなものにつながるんじゃないか。こうこうこうだからと、理詰めでだけでは、語り得ない思想というものを、漢字は伝えるんじゃないか……そう思いますね。

だから、詩なんていうのも、一人一人違った光景を頭に浮かべながら読んでいるだろうと思うんですよね。私が考えるのと、人が考えるのとでは、色も違うだろうし、絵も違うだろうしという、こうこうだと左脳的に決められない、右脳的な漢字のあり方というものを、私はもうちょっと主張したいんですけど。

それは感覚だと思うんです。特に俳句なんかね。少ない言葉の中から、受け取り方次第でどういう考えでも出てきますからね。

七田　そうですね。やっぱり日本語というのは、非常にいい言葉だと思いますね。

井深　我々は大変な得をしていますよ。

それからもう一つ、我々がはっきりさせなきゃならないことは、遺伝と環境の問題だと思うんですよね。

少なくとも胎児から始まる〇歳教育では、遺伝というのは、ほとんど無視してもいいんじゃないかと思うんです。

そうすると、遺伝というのは、どういうところだけが要素になるのかというようなことを、もうちょっと詰めていかないと。生まれつきだという考え方が、常識として非常に根強くでき上がっちゃっていますからね。

七田　そうでございますね。けれども、サイエンスがいま、科学合理主義一点ばりからニューサイエンスになって、相互依存性とか流動性とかいったものが考え方の特徴になっておりますね。遺伝というのも、例えば糖尿病の体質を受け継いでも、摂生して、糖尿病を出さなければ、次の世代には、それがもう切れて伝わらない、そういう意味での流動性という考え方ですね。

それは教育に持ってきましても、通じることなんですね。

先生が『○歳』に書いておられますことは、まさにニューサイエンスが説いておることと、ぴたり一致しているので、さすがと思って拝見させていただいたんです。

「全てのことに対して、ものの考え方を大きく変えていく必要がある」「合理主義の行き詰まり、人間をトータルに見なおす東洋思想的なものの見方が必要」と書いておられるのは、これはニューサイエンスの説いていることでございますから、やはり分析的にとらえるのではなくて、全体を見通すということですね。

井深　結局、東洋思想と西洋思想との統合が必要になっていくということですね。

※「ブルーナー」　ジェローム・シーモア・ブルーナー。アメリカの教育心理学者。認知心理学の生みの親。また文化心理学の育ての親の一人でもある。

どんな子にでもお母さん次第

井深　お子さんは何人いらっしゃるんですか。

七田　一番上の子を亡くしまして三人です。真ん中の子がいまアメリカに留学しています。この子は二歳の頃から、英語のテープを毎日、朝食の食卓に置いておきまして、私がご飯を食べだすと、ぽちっとスイッチをいれるという形で育てた。ですから、英語を聞きとるのに全然困らない子に育ちまして。

大学の英文科を出た人というのは数えますと、英語を中学校から一〇年間勉強することになるんですね。そういう人たちが留学して、分からない、分からない、聞き取れない、しゃべれないと言っているのに、うちのその女の子はいつも困らないでしゃべるものですから、どうしたらそういうふうにしゃべれるようになるのか、教えてくれと言われて、困っちゃうと。自分はただ家でテープを聞かされて育っただけだからと言っているんだそうです。

井深　先生は、〇歳教育友の会というのもやっていらっしゃるそうですね。

七田　ちょうど一〇年ぐらいになるんですけれども、これはお母様方に通信指導というやり方でご指導していますけどね。

目的は、やっぱり子どもをトータルに見よう、しつけも、情操教育も、あるいは運動のことも、あらゆる面を考えて子育てしましょうということです。

井深　ただ、本当に気をつけなきゃいけないのは、頭が良くなった、みたいに親が納得するのには、左脳的なもののほうが分かり易いから、つい早くから、パッとそっちへ行っちゃう。

そうすると、昔の天才教育をやられた人たちと同じようなことになりかねない。なるべくむしろそれは抑えて、感性の教育というのをどう育てるかということですね。

中国で教わったいい言葉に、美育というのがあるんです。日本では、芸術とか何とか言うけど、美育という言葉はないですよね。

七田　従来の早教育と目的、方法が明らかに違う、と先生は書いておられますね。従来は知

的な、それ主眼の教育をしているけれども、そうじゃないんだという。

私はやっぱりバランスだと思っております。

それで、赤ちゃんが、精神や知力を育てていくというのは、やはり言葉なんですよね。ですから、これは本よ、これは湯呑みよ、これはテーブルよというふうにいつも言ってあげると、早くから物とのつながりができます。

それで左脳が開けてきますね。それと同時に、湯呑みと言うと湯呑みが、本と言うと本が浮かんで、イメージのほうも開いていくわけです。ですから、人の言葉から入っていくと、両方、バランス良くいくわけですが、これがテレビになりますと、音と映像の刺激のほうが強くて、言葉を育てない。なぜかというと、テレビの言葉は単なる音として処理されてしまうからです。

赤ちゃんは、言葉と物との結びつきを持っていませんから、テレビを見せましても、言葉は全然育たず、右脳だけがぼんぼん発達していくんですね。そうすると論理的な思考ができないという自閉的な子どもになってしまう。左のほうが発達してなくて、バランスがとれない。

音感教育とか、あるいは理屈抜きの、意味なんか全然関係なく、もう音とリズムで覚えていってしまうというパターン教育というのは右脳の訓練なんですよね。だから、大切なのは、それをしたら、その一方では言葉数をうんと増やしていくようにする。ですから、二歳で二五〇とか、三歳で九〇〇とかいったような標準がありますけれども、そういうのは無視していいから、できるだけ、言葉数を入れていく。

カール・ビッテのように、五歳で三万語とか、そのおかげで、論理的な思考が非常に得意であったというようなことを書いていますよね。

ということで、私が特に井深先生の『〇歳』で感銘しましたのは、そのバランスです。大事なのは、やっぱりバランスで、それが壊れるとこわい。いつもバランスで考えたいなと思うんですね。

井深　それと、先生がおっしゃった観察ですね。赤ちゃんの心と体を見ていないとね。

七田　すぐれたお母さんというのは、そこが分かっているお母さんだと思うんですね。いま、子どもに何してやればいいか、いま、何を望んでいるかということが分かって、しかもそれをやる、そういうお母さんが素晴らしいお母さん。

井深　お母さん次第ですねえ。繰り返しというのだって、飽きたかどうかは、お母さんさえ注意していれば、すぐ分かることなんですね。

七田　それからもう一つ、子どもを伸ばしそこなっているのは、私は親の側の制限だと思う。子どもはもっとたくさん、もっと高度なものを与えても吸収してしまうのに、ブレーキかけて、子どもをすごく低く見て、それで足れりとしているから、量が足りないんですね、全然。それは親の側、あるいは教える側の問題だと思います。

井深　それにしても、カール・ビッテというのは、すごいですね、やっぱり。

七田　二四歳の時に、カール・ビッテの実践と理論にぶつかったということが、いまの私を方向づけてしまったということですから。

井深　これからもよろしく……。今日はどうもありがとうございました。

V 聞こえてますよ、お母さんの歌

志村 洋子

志村《しむら》 洋子《ようこ》

経歴

一九五〇年和歌山県生まれ。埼玉大学教育学部教授。一九七四年、東京芸術大学音楽学部声楽科卒業。一九七八年、同大学院音楽教育専攻修了。博士（教育学）。乳幼児の音楽教育学、乳児の音声コミュニケーション、声楽を専門とする。著書に『ベビーメッセージ―赤ちゃんの気持ちがわかる語りかけ育児―』（ゴマブックス）、『乳児の音声における非言語情報に関する実験的研究』（風間書房）などがある。対談は一九八八年に行われた。

イントネーションはそのままに

志村　初めて井深さんにお目にかからせていただきましてから、二年ほどたつんですけども……。

井深　まだ『〇歳』※を出していない時でしたね。

志村　はい。初めてお目にかかったあの頃から、お腹の中で一体子どもがどういうふうに外からの音や音楽を聞いているのか、ということに非常に興味がありました。五年ぐらい前に国立岡山病院の山内先生※がマイクをお飲みになって、外の音をお録りになりましたね。テレビからの音楽とかレコードの音楽とか……。あれは非常にクリアで、音響分析的に言いますとそれほどの歪みがなくて入っているし、高いほうはちょっと減衰しているんですけれども……。

井深　山内先生は、子宮の中にいる赤ちゃんがどんなふうに外部の音を聞いているだろうかということを研究されたのです。子宮も胃袋も大した違いはなかろうということで、ビールを何百ccか飲んで、ソニーで作った小さいマイクロホンにバターをごってり塗って飲み込んで、いろいろな外の音を録音したんです。

志村　それで、あの時に、音楽や外の音に比べて山内先生がお話になる声がかなり歪んで、変わった声になっているなと思ったのがきっかけで興味を持ちました。そして胎児が一番よく聞くのはお母さんの声ですから、女の人が飲んでみないことにはと思って、私も飲んでみたんです。

井深　胃袋の中ですか？

志村　そうです。

井深　女性だから子宮を持っているでしょう。

志村　まあ、ちょっと待ってください。羊水がないとまずいんですよ。

井深　ああ、そうか。赤ちゃんができないとまずいのか。

志村　ちょっとそれをしている暇がなかったものですから、すみません（笑い）。ソニーでつくっていただいたというマイクロホンをお借りして、私も飲みました。それで私の声を録ってみたら本当に驚いたことには、声が歪んでいて、何を言っているか全然分からないんです。山内先生の時はビールを飲まれましたでしょう。音声分析した時、すごく困ったんです。プチュ、プチュって、ビールが中ではねる音がして（笑い）。

井深　山内先生の時のあれも、あなたが手伝われたの？

志村　ええ、レコードの音楽を分析する係をやりました。

井深　何を飲まれたの？

志村　私は水です。マイクを飲むと言葉が不明瞭になる、ということを聞いていただければと思います。

井深　これは貴重な実験だな。

志村　胃の中と外で同時に録音しました。どういうセリフを言ったかというと、「いい子ねぇ。かわいいね。そう、よくできたわね。」「あ、そんなことしちゃだめ。めっ、いけません」「いないいないばぁ。れろれろれろ、あっぷっぷっのぷー」「お話たくさんしないの？　もうねんねする？　いいお顔は？　おしゃべりしないの？」「きょうは保育園に来て、たくさん遊んだのね」。イントネーションなどの違う五種類のセリフでやってみたんです。

しかし子音がよく聞き取れず、言葉として

は不明瞭。ただイントネーションはとてもよく分かる。「ダメッ」というイントネーションは、特にすごくよく分かります（笑い）。

こうしてみると、自分の声、すなわちお母さんの声より外の音のほうがよりクリアに入ってくることが分かります。

井深　お母さん自身の声よりも？

志村　ええ。しゃべっている自分の声は、お腹に骨伝導とか、肉で伝わる部分みたいなものがありますから……。だから、外からお父さんが話しかけるとか言ってらっしゃいましたね、『胎児はみんな天才だ』（祥伝社、一九八六年）のスセディックさん※の場合なんかも。そういう外からの音のほうが、かえってクリアに入ってくるんじゃないかと思っているんです。

井深　そうですね。自分自身の声は随分ひどく歪みますね。

志村　これを聞いて、本当に自分でもびっくりしてしまったんですけれども、ただイントネーションだけは非常によく分かる――、やはり、「お腹の赤ちゃんに、お母さんがたくさん歌ってあげましょう」「たくさん語りかけてあげましょう」という根拠の一つにはなると思います。

※『〇歳』『〇歳　教育の最適時期』井深大著（株式会社ごま書房）のこと。

※「山内先生」　山内逸郎（一九二三—一九九三）。国立岡山病院小児科医長に就任。新生児医療に取り組み、一九七七年、岡山県の赤ちゃん死亡率の低さは乳児（生後一年未満）、新生児（生後四週間以内）、周産期（妊娠二十二週以降から生後一週間）三部門で日本一を達成、三年連続三冠王。その推進役を果たした。

※「スセディック実子さん」　スセディック実子（館林実子）。夫ジョセフ氏の理論「赤ちゃんは生まれる前から学び始める」という胎児教育を実践した。

聞き耳をたてている？

志村　子どもが生まれる前からの胎教というのが、いま、特に言われだしてきていますね。ある所で「この子にはワーグナーばかりお腹にいる時に聞かせていたので非常に気難しい子になった。だから、二人目の子どもにはウインナー・ワルツだけを選んでやりましたから、とても愛嬌があるでしょう」とお母さんが言われたんですね。本当にまじめにそういうふうに思ってらっしゃるんですよ。

井深　まあ、そう信じてやったんですから、それはそれでいいんですよね（笑い）。

志村　ええ。本当にびっくりするようなことが次々に言われたりしていて、胎教や環境というのは、本当にどこまでが教育の部分なのかというのを、情報を出す側としては、きちんとしておかなきゃいけないのではないか、という気がするんです。

井深　スセディックさんの場合も結局生まれてからの環境のための準備だということですよね。天才を育てようという目的、そのものズバリでは決してないということでした。

だから、お母さんがしょっちゅう朗読していれば「ああ、あれが始まったから」と赤ちゃんが聞き耳を立てる。そういう繰り返しのプログラムをやっておくという、その程度に考えたほうがいいんでしょうね。

志村　ええ。そういうような気がしているんです。ところで、お腹の中には、どうも外からの音が一五ｄｂ※減衰して入るという結果が、今出つつあるんですけれども……。

井深　そんなに減衰するんですか。一五ｄｂというのは大きいですね。

志村　周波数、つまり音の高さによっても異なりますが、お腹の中にはこういうふうな音が入るということは、だんだん立証できつつあります。ですが、それをどういうふうに子どもが受けとめているのかというのは疑問のある所ですね。

井深　私はこの場合は、言葉以前の問題だと思うんです。分かる、分からないということではなくて、言葉以外の感情を伝える、そういうものがたくさん子どもに伝われば、それでいいんじゃないでしょうかね。それを早くインプットするということの意味を、もうちょっと掘り下げていかないといけないと思って。

以前、ドミソのコードと一茶の俳句を、お母さんに一日何回かずつ繰り返してやってもらったんです。で、生まれてから、その反応を調べたんです。二〇人ぐらいでしたけど。ドミソの場合は、どうも反応がよく分からなかったんです。しかし、一茶の俳句では、ずっと聞かせていたものには何にも反応を示さず、似たような一茶のほかの句には反応を起こしたという、そういうおもしろい結果が出たので、やっぱりちゃんと学習はしているわけです。

志村　違うということに気づいているわけですね……。

井深　ああ、あの句は聞いた調子だな、これは新しいことだな、ということで聞き耳を立てたというのは言い過ぎなんだけど、心拍数を調べたら、はっきりそれが出てきているんです。これは相当いい実験だと思います。

志村　お母さんが子どもに話しかけるイントネーションがありますね。生まれる前一ヵ月ぐらいずうっと、どういう言葉を頻繁に言っているのかということを録っておいて、生まれた後にその声をかけると、どういうふうに子どもが反応するのか、というのもやってみたいと思っているんです。本当にイントネーションはかなりよく伝わっているという感じがするんです。

私は声楽家なものですから、子守歌も歌ってみました。なんか鼻をつまんでやっているみたいな、ちょっと不気味な音になりました。これは音響工学の人に聞かせたら、ヘリウム音に似ているって言われましたけど。

井深　ああ、あれはやったことがあります。キャキャキャキャキャキャと高くなるんでしたね。

志村　そうです。なんかアニメのキャラクターみたいな、ホニャホニャという感じの声になってしまいます。それから、これも山内先生のご研究で、ある一定の周波数以下の音——低い、一〇〇Hz以下の音というのは、どうも振動としてお腹の中に入っているので、子どもにはかなり「揺れ」として伝わっているんではないかと。

井深　振動ですね。

※「db」デシベル。電気工学や振動・音響工学などの分野で使用される無次元の単位。ここでは音の強さをあらわしている。

大事なお母さんの生活環境

井深　以前私が聞いた話に、お母さんが妊娠中、いつもお父さんがギターを弾きながらウエスタンを口ずさんでいて、それが生まれてからものすごく好きだった、というのがありました。

志村　それは外側からの音なんですね。

井深　ええ、それは全部外側からです。

志村　最近は、F分の一とかいって、リラックスできる音とかリラックスできない音楽とかいうのを分けていますね。

井深　そうですか。

志村　ある変数を使って周波数を分析していくと、一定の斜めの角度になる。それをF分の一というのだそうです。そういうF分の一を持っている曲には、室内楽が多いんですが、それで大人たちがリラックスできるのだったら、やはり子どもにもそういうものがあるのではないだろうか。それには今度、振動を伴うことが必要だということも出ていまして。

一般的に大人にとっては、そのF分の一を持っているものを聞くと、脳にα波が出るというんです。それは自然界の音にも入っていて、せせらぎの音とか――。風の音、虫の音、ざわめきみたいなものにもあるんだそうです。

井深 F分の一※というのはどういうんですか。

志村 私もよく分からないんですけれども、周波数の構成だと思います。そのF分の一の斜めの角度が出やすい周波数を含んでいる音楽と、そうではない音楽。

井深 話は別だけれども、ハーモニーというもの、あれはどういうものですか。本能的に、生物的に、本能によって快いんですか、学習による快さなんですか。

志村 本能的なんじゃないでしょうか。そうでなければ、こんなに長いこと時間をかけて、音楽というのはできてこなかったような気がします、何でもよければ。

井深 だけども、音程というものはやはりその民族によって、そこで育つんですよね。

志村　そうですね。かなり学習する部分もあるとは思うんですけれども、やはり不協和音を聞かされるよりも、周波数がうまく重なっていく和音を聞いたほうが、気持ちがいいのではないでしょうか。だから、やはり全然違う世界に住んでいる人だったら、それぞれ微妙に違う心地よさがあるのかもしれないですね。それで例えば母親がリラックスできると、胎児にもそのお母さんのリラックスしたホルモンが伝わっていって、それでなおかつ、その時に必ずその音が入ってくるという、パターン認識があるかもしれませんね。

井深　そうであると言わざるを得ないでしょうね。だから、お母さんの気持ちが胎児に伝わるということは、我々の社会では肯定せざるを得ないでしょう。

志村　お母さんの声や音楽の刺激というのが、胎児にも直接入っていく。「やはりお母さんが歌ったほうがいいんですよ」と、私はずっと言ってきたんですけれども、もちろんそれも大事だけれども、同時に外からの音がかなりクリアに入るとするならば、お母さんが生活する中での音楽的な環境もかなり重要な意味を持ってくると思います。

※「F分の一」　周波数・振動数のゆらぎ。

やっぱり聞いていた『アイネ・クライネ』

井深　おもしろい実験結果はいっぱいあるんですよ。幼児開発協会の第一回母親研究員の人にレコードをあげたんです。そのレコードの一番最初に入っているのはモーツァルトの『アイネ・クライネ』なんです。皆さん、不精したのか何か知らないけれども、とにかく一番最初のそれだけはみんな聞かせたわけです。

でも、それで一つおもしろかったのは子どもが生まれて三ヵ月ぐらいたった時に、七～八〇〇メートル向こうの小学校の校庭から『アイネ・クライネ』が聞こえてきたら、赤ちゃんが反応を示したっていうんです。ピクッとするとか、興味を示すとかね。そんなばかな！　と言って、何遍実験してもそうなんですって。幸いなことには、『アイネ・クライネ』が近くの小学校の放送のテーマ音楽だったので、それが分かった。とにかくリズムだけは、これもうちゃんとつかんでいますね。

志村　本当にメロディーがお腹の中にどの程度歪んで入っているのかというのは、すごく興味のあるところなんですけれども……実際に子宮の中にマイクロホンを入れさせてもらえればこんなにいいことはないんです、でも、それはなかなか……。

井深　まあ、大体同じと考えていいんじゃないでしょうか。

志村　ええ、そう思っていまはやっているわけです。でも、お母さんの胎児に対する語りかけは、お母さんの子どもに対する気持ちを上げていくレベルでは、非常に有用なことだと思うんですが、語りかけていることそのものが、子どもにとって教育となり得るかどうかというのは、ちょっと疑問に思っております。

井深　その何を教育というか、ということになるんですけれども、お母さんの気持ちを伝えるとか、お母さん自身をそういう気持ちにさせるということは確かに必要だと思うんです。ただ音を機械的に聞かすということでなく、お母さんの気持ちを入れ込む。だから、会話の始まる最初というのは、そういう気分的なものを分かち合うというか、心が通じ合って、それからだんだん共通のものが出てきて、それで会話が出てくるんだろうと思うんです。だから、自然発生的なものなんですよね、会話というものは。

志村　やはりお母さんが頻繁に声をかけてやる、そういう意識を高めておくということは、ひいては子どもに……。

井深　生まれてからにつながるわけです。何にも言わないでおいて、お母さんがいきなり本を読みだして聞かせても、唐突だから……。そういうものを喜んで聞くんだという環境をお腹の中からつくってしまうというところに、おもしろさがあるんじゃないでしょうか。

それから、さっきおっしゃった自分の好きな歌を、声高らかに歌うというのは、やはり自分の気持ちが高揚するし、いい気持ちになって、それが生理的な影響を及ぼすかもしれない、そういう考え方でいいんじゃないでしょうか。だから、スセディックさんがした字や絵のフラッシュカードも、そういう意味があるのかもしれないですね。視覚から印象づけたことが、そのままインプリントされるかどうかということまでは、ちょっと考えられないですからね。

志村　やはりああやって、そこまでやるという気持ちが母になるということ、行動の基本みたいなものを生まれる前から母親がつくるという——そこが一番大事なところなのかもしれません。

全然話が変わりますが、人間が原体験として母の体の中のことをどこかで覚えているとか、そういう話も幾つかありますね。そうすると、お腹あるいは体の中の音がどういうものなのかという科学的なデータをそろえておければ、そういうものがもっと人間をリラックスさせたりしていく要素になるのではないか、という気がするんですけれども、それはどうでしょうか。

井深　リラックスね……そこら辺はなかなか難しい。いまの大脳生理学に関する限り、五感に対する反応しか分かっていない。第六感というのは、もう科学の範囲ではないですから。だけど、実際の我々の営みには六感以上のことが非常に多い。何でもいまの科学でもって分析して解決しようという考え方には、私は賛成できません。だからイントネーションで母親の気持ちが伝われば、もうそれでいいじゃないかと。声に歪みがあろうが無かろうが、そんなことはあまり問題じゃないんじゃないかと、そう思いたいですね、私は。

語りかけに心をこめて……

井深　とにかく音楽は、胎児に相当通るんですね。フィジーの前の総理※と私は大変仲良くて、いろいろ話をするんですけれども、フィジーでは、太鼓をたたくことが非常に重要視されているのね。で、お母さんが妊娠中にフィジーにいて、それから英国がどこかに移って、その坊やが相当大きくなってから、またフィジーに帰ってきた。
そうしたら、最初から太鼓がものすごくうまい。リズム感が、ほかの人に負けないんですって。考えてみたら、妊娠中にその太鼓の音を相当聞いたんだそうです。だから、リズム感というのは、まずお母さんの脈動でもってリズム感を誘発されて、そういうものに関心を持つような働きが起きるんだろうという解釈ですがね、私は。

志村　お母さんの拍動で思い出したんですけれども、室岡一先生※が録られた体内音のレコードがありますね。あれはかなり大きい音で聞こえているはずだということで、ボリュームの指示がレコードにしてあるんですが、実は本当の音はそれよりずっと小さいんじゃないかと山内先生と私たちは考えています。つまり、あの音は、静かなところで耳を澄ませば聞こえるぐらいの音ではないだろうか。かえって、外からの音楽とか声のほうがクリアに入っているはずだと。

井深　あのお母さんのお腹の中の音は、随分汚い音ですね、グッシャッ、グッシャッというような。

志村　そうです。あれは、かなり耳を澄まさないと聞こえない程度の大きさではないかという……。

井深　だけど、聞き耳を立てているということはよく言われますね。赤ちゃんがだんだん月数が重なっていくと、子宮壁へ耳をぺったりくっつけていると。

志村　大きくなると、必ずどちらかを向くようになるそうです。それでこの間、マイクを飲みました時も、ＣＴスキャナーで一応マイクの位置が、ちゃんと胃の中央にあるかどうかというのを確認しながらやったんですが、座ったり立ったり、体の位置によって随分違うんです。

井深　動いちゃうのね。

志村　マイクもですが、入ってくる音の録れ方が。これはおもしろかったです。寝ると違いますしね。

井深　だから、赤ちゃんは耳をそっちへ向けるんでしょうね、きっと。聞きやすいほうへ。

志村　ですから、お母さんの体型によっても随分違うんじゃないかという気がします。

井深　例えば、実際生活している時は動きますね。そうすると、いろいろな変化があるわけですね。

志村　多分そうだと思います。お母さんの体型も子どもには分かるんじゃないか、という気がしないでもないです。またスセディックさんに戻ってしまうんですけれども、お父さんのほうはやはりずうっと英語でお腹にしゃべりかけていって……。

井深　お母さんは日本語。体外に出ちゃったら英語ばかりの世界になるから、せめてお腹にいる間だけでも日本語をと、お母さんは全部日本語だったんです。

志村　では、生まれてからは英語ですか、お母さんも。

井深　ええ。

志村　子どもさんは迷ったりしなかったんでしょうか、どっちを聞こうかしらって。

井深　胎児への語りかけは英語だろうが日本語だろうが、それはほとんど問題にならないでしょう、後ですぐに獲得できることですから。だから、後で獲得できない事柄、娑婆に出てきてからでは遅いものを入れる（笑い）。それはやはり心だろうと思います。抽象的なことになるんですけれども、言葉とか文字とかで書いてはっきり分かることと、そうでないことがあるわけです。

幼児開発協会の教室にて赤ちゃんと向かい合う

我々は教育とか、特に幼児教育とかということになると、何かすでに分かっている、理屈に合っている実際の事柄ばかりを追いかけ、育てることばかり考えているんですけれども、これは大変な間違い。それ以前にインプットしておかなければならないことがたくさんあるんです。それを私は、分かり易く左脳と右脳というふうに分けて説明するんですが、左脳というのは言葉や組み立て、分解、理屈などを司る。右脳は体育、音楽、パターン、直感力とか宗教心、そういうものを司ると。

ところが、いまの教育というものはすべて左脳向けの教育ばかり。私に言わせれば、右脳の教育を先にやらなければいけないと思っているんです。その右脳を開発するのには、まず体育、それから芸術的なものの受けとめ方、感性といったようなもの、そしてパターン。パターンについてちょっと言えば、我々が音楽を聞く場合でも、「ああ、これはシューベルトだ」「これはバッハだ」って、私みたいな音楽音痴でも相当分かるというのは、これはシューベルトのパターン、バッハのパターンというものを知っているからなんです。

子どもというのは、特にほとんどすべてのことをパターンで受けとめている。パターンで受けとめているというのは、そんな細かいことをごちゃごちゃ言わない――例えばコカコーラは COCACOLA のスペルなんか関係なしに、丸ごとコカコーラと認識するんです。それを私はパターンと言っていますが、そういう受けとめ方を幼児ほどするんです。大きくなって、だんだん理屈っぽくなって、「それはどうして」ということが出てくるようになるともう、パターンで受けとめにくくなっていく。

だから知識情報として何かを学んでいく、身につけていく、というのではなくて、もっと感覚的、本能的なものが養われなければうそだろうと思います。それには、早くからインプットしなければならないものがいっぱいある、ということです。

※「フィジーの前の総理」 ラツ・サー・カミセセ・マラ（一九二〇—二〇〇四）。一九七〇年にフィジー諸島が独立した後、首相になる。その後、大統領に就任。同国の指導者的役割を果たした。

※「室岡一先生」 室岡一（一九二一—一九八六）。東京大学医学部卒業後、日本医科大学第二病院産婦人科部長、主任教授を歴任。ハイリスク妊娠、分娩の母児管理研究を熱心に行った。

子守歌は〝パターン〟

井深　話は変わりますが、私は子守歌を聞くといつも思うんですが、我々はこれは子守歌だと思って聞いているから、眠くなるのか、作曲自体がそういうふうに眠りを誘うような要素を持っているのか。やはり子守歌というのは眠りを誘うみたいな感じがするんだけれど。

志村　あれはやはり条件反射みたいなところがあるんじゃないでしょうか。

井深　条件反射というと、それは本能的に？

志村　眠くなるところでいつも歌ってもらうから。人によっては随分違うものを聞いて寝たという話もあります。「まいごのまいごの子猫ちゃん」で寝ていた子もいますし。

井深　眠る時のいつもの音楽ということで？

志村　ええ、きまった時に聞く歌という感じで――。日本の子守歌というのは、だいたい愚痴の歌が多いです。五木の子守歌にしろ、愚痴と悲哀の歌ですね。早く寝てくれなきゃ嫌だ、泣いてばかりいると捨てちゃいたいという。お乳の出ない子守っ子にとっては、子どもが泣き出したら止める術が無くて、一番困るわけです。だから、日本人は脈々と愚痴を聞きながら寝る、というパターンが身についちゃっているんじゃないか、という気がしないでもないですね（笑い）。

井深　骨の髄までしみてたりして（笑い）。そう言えば五木の子守歌なんていうのは、子守歌らしくないわね。

志村　永六輔さんが三年ぐらい前に子守歌集のカレンダーをおつくりになったんです。見たら、どれもみんな殺したいとか、捨てたいとか、かなり暗いのが多いんです。「おれたち赤ちゃんには歌がない」と書いてらっしゃるんですけれども。

井深　西洋のはまた、幾らか違うんですね。

志村　ええ、西洋のは声楽曲みたいに芸術的レベルが高いですね。

井深　きれいですね、みんな。

志村　で、可愛いとか愛しいとか、大人の感情を出す歌でしょう。そういう意味では、もっと子どもが聞きやすく、あるいは一緒に「アーウー」と声を出したくなって楽しめる歌があるのではないか、という気もしますね。

井深　それはそうかもしれないですね。大人の感傷や感情とは別のね。さっきF分の一のお話が出ましたけど、音楽のほうも、やはりこの種の音楽でなきゃあということを、いろいろなことで大分証明しだしているんじゃないですか。人の心をなごませるというための……。

志村　それを聞くと、脳波のα波がバァーッと出てくるというんですけれども、ただ、α波だけうまく立ち上がらせるというのも、やはりなんかちょっと特殊なというような気がするんです。

井深　音だけで、そんなに簡単にα波が出るんですか。それはそうと、邦楽にもハーモニーというのはあるんでしょうね。西洋音楽だとドレミファソラシドという音階があるけれども、邦楽だと音の幅が、西洋音楽の音の幅とは微妙に違うから、合わせた時にドミソとかドファラとかそういう積み重ねの和音には聞こえない……。それで、さっきハーモニーの質問をしたんです。生理的な問題なのか、ずっと邦楽を一所懸命聞いている人には、邦楽のハーモニーというのが非常に美しく、心に訴えるような、それがあるのかどうなのかという質問なんだけど、どうなんですかね。

志村　日本人は、二つ持っているんじゃないですか、その美的感覚の意識を。西洋音階と日本音階と。

井深　うん、そりゃそうなんだけど、あるんですね、ドミソとかレファラに相当するものが。

二上がり、三下がりとかいう、そういう微妙なものも三味線にはありますね。

志村　二上がり、三下がりは調弦法のことですが、もちろん邦楽にも重なる美しさはあります。ただ、いわゆる和音ではなく、各々別な旋律が重なる美しさだと思います。

井深　西洋音楽の場合、割と共鳴するというか、はっきりしているでしょう。

志村　ええ、そうです。うまくできていますよ、ほんとに。アフリカの人たちの音もハモっているでしょう、やっぱり。重唱したりしますよね。あの響きも独特です、美しいですよね。

井深　ええ。あれは後から別に身につけることはできるんでしょうかね、訓練すれば。

志村　それに近いものはできるでしょうね。だって、アフリカ風のロックみたいなものとか、いまそういうのを若い方皆さんやっているわけだから。

井深　私は男声合唱のハーモニーと女声合唱のハーモニーでは、どうしても男声合唱のハーモニーのほうがきれいだと思うことがしばしばあるんだけど……。

志村　そうですか。

井深　男声のハーモニーには独唱とは違った感激を受けるんだけど、女声のハーモニーは幾ら合っていても、どこかに別々な音を感じる。

志村　やはり周波数が低くて、下の音のほうが鳴りやすいからかもしれません。ぶ厚い共鳴になるんじゃないでしょうか。

井深　いろんなところに話が広がりましたね。ありがとうございました。

Ⅵ　高い山を親子で歩こう

石原　慎太郎

石原《いしはら》　慎太郎《しんたろう》

経歴

一九三二年兵庫県生まれ。作家、東京都知事。一九五六年、一橋大学在学中に『太陽の季節』により芥川賞を受賞、作家デビューを果たす。一九六八年、参議院全国区に出馬しトップ当選。一九七二年に衆議院に転ずる。一九九五年、議員を辞職。一九九九年、東京都知事に就任し、現在三期目。政治家と作家という二つの職を両立し、二〇〇八年一月に『オンリー・イエスタディ』（幻冬社）を上梓した。対談は一九七一年に行われた。

あるきびしさを

井深　石原さんの、教育についての……お考えは、ま、大体のみ込んでいるつもりなんですけど……いや、私はもう……。

石原　いやあ、本を書きましたらね、何か教育の権威の如く錯覚されましてね（笑い）。わたしは、実にいい加減な親なんでして……あれはもう、全く思いつくままに書いたわけなんです。こんど、また、もう一冊、『魂を植える教育』（光文社、一九七一年）っていうのを出しますんで。また贈呈いたしますけど。

井深　ははーん。魂を……。

石原　『魂を植える教育』っていうんです。続けて出版するみたいになりましたけど、それは出版社の方の事情で……前のが遅れてしまったんです。

井深　その方は、何という本でしたか……。

石原　あれ、出版社が勝手につけてしまったんですけど……『スパルタ教育』（光文社）って……。決してスパルタ教育じゃなしに、子どもの個性っていうか、それぞれ違った割合で持っている柔軟性に応じて、しつけをしていく、っていうようなことを書いといたんですけど……。だから、いかに子どもを甘やかせるか、ということだって書いたつもりなんですけどねえ。

井深 ああいう題をつけちゃうと……イメージがちょっとねえ。石原さんまでが、そういう思想であるかの如く、ねえ。広告の題名だけで印象を受けちゃいますから……。

石原 しかし、まあ、親が自分の責任で子どもをしつける……限り、どうしても子どもに対して、あるきびしさを持たなきゃ、できないでしょう……。

井深 そりゃそうですとも。

石原 いまは、みんな他人に任せっきりですから……その反動で、徹底的にきびしい教育が……非常に渇望されている、というような風潮がございますねえ。そんなことで、あの本の題も、私の気持とは違うんですが、あんなふうに、出版社の方でつけてしまったんでしょう。

井深 私もねえ、教育のことだんだんやってきましたら、どうしても赤ん坊の教育というところへ……結論的になってしまいましたんで……。魂のはいった教育というのも、何というか……規律とか、秩序とか、そういうカチッとしたものは、〇歳から二歳ぐらいまでの、動物的なしつけから生まれてくるんだろうと……そういう想定で、いろいろやっているんです。

石原　ま、胎教ということが言われるぐらいですから、まして生まれ出た赤ん坊であれば、すぐにも教育の対象になるでしょうね。私、一番驚いたのは……感動させられたのは、アメリカで見たんですけど、まだ、ハイハイしてる子ども……立って歩けないうちから、水泳をするんですねえ。要するに、動物的本能で、赤ん坊が、水にもぐって物を取ってきたりする……あれはちょっとびっくりしました。

井深　五ヵ月で水に浮かせると、浮くんだけれども、遅くなるとだんだん手がかかるんですねえ。

石原　そうです。

井深　私、基本的には、そのことが、やれるときにやらなきゃいかんというのが、教育の本義だと思うんですよ。日本の場合は、だいたい、時期を失ってから……あるいは最適なときをはずしてから、一所懸命無理やりやってる……それが日本の教育の姿であるような気がするんです。私ども、ま、それに対して、レジスタンスしているわけなんですよ。

石原　なるほど。

井深　私の考えではね、特に〇歳から満一年ぐらいまでは、こりゃもう徹底的に動物的なしつけで教育していくべきだ、と……それから、一歳から二歳ぐらいになって、だんだんその子の特長を認めて、ひっぱっていく……。いずれにせよ、〇歳から二歳ぐらいまでは、親が思うままに、親の責任においてしつけなきゃいけないと思うんです。それを、物を言えるようになるまで放っておいて、それからこんど、ギャアギャア、スパルタ教育をやったって、それじゃあ、もう、手遅れだと思うんです。

あんがい、うかつな母親が

石原　やっぱり赤ん坊のときから、それなりの自我というものはあるんでしょうねえ……ま、そのあたり、非常に難しいところだろうけど。

井深　いや、私ね、この間、司葉子※さんと対談したんですけど……あすこの赤ちゃんは六カ月ぐらいだけど、いっぺんもおむつで大便したことないそうですね。

石原　はーん？

井深　大体時間もきまっているし、赤ん坊の表情を見ていますとわかるんで、おむつはずして、紙の上に寝かせるんだそうです。近頃は紙の上に寝かせると、無理にでも、自分でいきんでね……出そうという努力をするんですってねえ。

石原　そういうことは、誰が葉子君に教えたんでしょう。

井深　ああ、それは、非常にいいナースというか、聖ルカ病院の育児の非常に練達の人が面倒をみてくれてるんですね。そりゃもう、赤ちゃんが何を訴えているか、非常によく読みとって……そしてまた司さんの赤ちゃんが非常に表現力の豊かな子で、いろんな喜怒哀楽をあらわすんだそうです。ちょっとオーバーかも知れないけど、司さんが口紅をつけていると喜ぶし……（笑い）着ているものの色柄も、きれいだと非常にうれしがるんだそうです。そういう観察を、司さん自身もよくやっておられて、「時間があったら、赤ちゃんといっしょに、どうやって暮そうか」と、一所懸命考えておられるらしいですね。私、この間、感心しました。

石原　ほう……そうですか。あの人、いいお母上さんなんですね。

井深　なかなかいいお母さんですよ。

石原　しかし世の中にはうかつな母親が多いですよ。私の家内もこのごろ……、私のところは四人の男の子がいるんですが、一番下の子が幼稚園の三年保育の二年生になったころから、やっと、子どものかわいいことがわかってきたっていうんですねえ。

井深　ははーん。ハハハハ。

石原　「それまでお前、何やっとった」って言いましてね、（笑い）……とにかくたくさんいて、手がかかりすぎて、「無我夢中でやってきたけど、このごろやっと、子どもを眺めて、子どもの面白さとか、かわいさとかがわかったような気がします」って言うから、母親なんてのは、お前ぐらいが平均なんだろうけど、ずい分頼りないもんだなあって笑ったんです。

井深　いやいや……。

石原　しかし、そう難しいことじゃなしに、ちょっとした心掛けで、子どもの一生ってのは、どうにでもなりますですねえ。

井深　まあ、いろいろなことが言われてますけど、お母さんと赤ちゃんとがコミュニケイトすることによって、赤ちゃんの頭脳は、加速度的に開発されるんですね。赤ちゃんが何を訴えているか、何を欲しているかを読みとって、「ああ、そうか、そうか」と言いながら答えていくことで、母と子はできていくんですよね。そして、それが一番最初の頭脳の開発になるわけでしょう。だから特別のことをしなくても、愛情をもって子どもを見ていれば……。

　司さんもつくづくそう言っておられましたけど、今、お母さんたちが、ずい分暇になったというけれども、結構やはり忙しい……なかなか子どもにかかりっきりにはなれないものなのに……、「私は、いいナースがついてくれて、十分子どもを楽しむことができのは、大変幸せなことだ」って。あの忙しい人が、そういうことを言ってましたからねえ。私、これには感激しました。

石原　子どもが一人のうちはね……二人、三人になってくると、お母さんも集中的でなくなるんですね。私の友人に、あまり目立たないけど、斜頸の男がいるんです。それに、私、気がついて、うっかり聞いたんです。ところが、やっぱり自分で首のこと気にしてるんですね。彼は非常に親を恨んでましたけどねえ。子どもがたくさんの家庭で育ったんで、やっぱり親が気がつかなかったらしいんです。

　あれはもう、なおせばなおるものなんでしょう？　親が赤ん坊のときに気が付いて、マッサージでもかけてやれば……。この例なんかは、非常に歴然とした方ですけど、いろんな意味で、荷物を子どもが背負わなくてすむように、気を配ってやることができるはずですよ。

井深　親の配慮でどうにでもなる時期にね、一応の人間的な……間違えのない基礎を……例えば、人に迷惑をかけちゃいかんとか、静かにしろといったら静かにしているとか、そういう基本的なことは、日常生活の中で教え込むことができるし、また、そうでなくちゃならないんじゃないか……と。そういう基礎を何もやらないでおいて、やりたい放題の人間にしてしまってから、お前、いかんよ、駄目だよって言うんでは、こりゃもう、反抗心を育てるだけになるんじゃないかしらん。

石原　半分おもちゃか、置物のような形で赤ん坊を扱う親が多いような気がしますね。

井深　基本的なしつけとか、それから障がいがある場合の対策とかいうのは、非常に時期的なものが存在するんですね。それをみんな忘れているんです。例え小児マヒにしても、少し早く……多少かわいそうでも、ハードトレーニングをやれば、そんなに目立たないようにすることができるんですね。

石原　ははーん。

井深　例の松本の鈴木鎮一先生※のところに、小児マヒの子どもを……せめてバイオリンによって、自分を慰めることができれば、と思って……お母さんが血みどろになって、一所懸命やらせたんですね。三歳ぐらいの子どもでしたが……そしたらバイオリンが弾けるようになっただけじゃなくて、小児マヒの症状まで、相当よくなってきたんですねえ。
ですから、障がいのある子どもほど、はやく対策を講じる必要があるんです。そこがなかなか……そういう踏み切りができないんですねえ。定説として認められてもいないし……。

※「司葉子」　司葉子（一九三四―）。女優。一九五四年、映画『君死に給うことなかれ』で女優デビューを果たした。

※「鈴木鎮一先生」　鈴木鎮一（一八九八―一九九八）。スズキ・メソード音楽教室主宰。音楽を通じて心豊かな人間を育てることを目的とする教育法を提唱し、才能教育研究会を設立した。

釘を打つのだけでも天才的

石原　ですからね、幼児教育、幼児開発って、小学校でも大変なのに、赤ん坊のころから教え込むなんて……という錯覚を、一般に持ちがちなんでしょうけど……。

井深　そう、そう。

石原　このごろの青年を見てますとね……自分について、たかをくくるっていうのかな、諦めるっていうと大袈裟だけど、自分の人生を、たかをくくって捨てちゃう……非常に平凡に堕することで結構なんだ、というようなところがありますねえ。自分の持ってる特性とか、個性とかいうものを、自信をもって……俺は、とにかく、釘を打つのだけは天才的にうまいんだ、とか、何でもいいから、一芸に秀でて、何か人から一目置かれるようなものを持ってる人間てのが、少なくなりましたですねえ。それ、やっぱり、子どものときに、親が何ていっても一番身近にいるんですから、そういうものをみつけてやらなきゃいけないんでしょうけど……。結局、学校の先生まかせで……。

井深　私の息子が、自分の方からバイオリンやりたいって、幼稚園のときに言い出しましてね、鈴木先生なんかについたわけじゃありませんから、習い方はへたでしたよ。息子は発育が非常に遅れてまして、小学校の頃はコンプレックスを持ってましたね。それが、何かのとき……学芸会か何かのときに、皆の前でバイオリンを弾いたんですね。そうしたら、それから皆の見る目も変ってきたし、自分でも、こりゃ、やれる……という自信がついて、それからいろんなものが、ずうっと変わってきたんですねえ。いま石原さんのおっしゃったような……一芸というか、特徴のようなものを生かすやり方をさせずに、同じような平均点的な子どもばっかりこさえてるんですよね。

石原　小学校、中学校、高校の六三制っていうのもおかしいですよ。ある意味で悪しき公平ですよ。どうも何か平均値ばかり追い回わして、ズバ抜けた人間を先へ進ませずに、いつも待たせてる……。

井深　とび級なんかを、目のカタキにして反対している人もいるんですね。

石原　非常にやすっぽいヒューマニズムですねえ。

井深　あれ、どうしても私どもにはわかりませんね。その人の特色を生かして、できる子はどこまでも、どんどん伸ばしてやらせていけばいいと思うんですがねえ。

石原　それに、学校で教える科目っていうのも、人間の能力の全部じゃありませんしね。学校でやる学業ではだめだけど、こういうことでは絶対に人に負けないんだ、という、相対的な自信というものを、自分で発見して、握っている……そういう教育の仕組みになっていないんですよ。学校できめるランキングがそのまま……要するに一生、ついて回るみたいな仕掛けになっていて……。

井深 湯川秀樹先生※が言っておられるけど、点数を足して、科目の数で割った平均点なんて意味ない、二乗にしてから点数を出さなきゃ嘘だって……。本当に特徴のある人間っていうものがいまの学校制度に応じ切れないようですよね。異色のある人っていうのは生まれてこない……非常につまらない教育になってるんですね。

※「湯川秀樹先生」　湯川秀樹（一九〇七―一九八七）。理論物理学者。京都大学・大阪大学名誉教授。一九四九年日本人として初のノーベル賞（物理学賞）を受賞した。

中学校を途中でやめさせて

石原 初等、中等、高等も結構ですけど、例えば三年の終るときの試験を厳密にチェックするとかして、その途中……最初の一年目ぐらいは、何も勉強せんで、遊んでいても、他の好きなことしていてもいい、とか、そういう大きい捉え方があると面白いと思うんですが……。

井深　膨大な予算をたくさんの人を動員する教育ですけどね、一番問題にしなきゃならないのは、あれだけ長い年間っていうものを、学校に拘束しておいていいんだろうか、っていうことですよ。そんな必要があるんだろうか。幼稚園までに、することをちゃんとやっといたら、あとは相当フリーな形にしてもいいんじゃないか……。

たとえば、世の中に出て働いて、もういっぺん、学校へ行きたい、という必要を本当に感じた人は、それから学校へはいればいいんだ、と。ニーズが起きてからの勉強っていうのは、まるで効率が違うでしょうし。社会をまるで知らずに、長いことズルズル勉強して、はじめて実社会へ出て、まるで無力だと感じたのではまずいでしょうね。

石原　谷川俊太郎っていう優秀な詩人がおりますね。あれは例の谷川徹三さんの息子さんですが……お父さんもお母さんも変った人で、子どもはいらないっていうんで、結婚しても子どもはつくらないつもりだったそうです。ところが母方のおじいさんが、絶対、孫を欲しい、と、そうでなければ別れさせるってなことを言った（笑い）。それで、谷川さんが生まれた。

井深　アハハハハ。これは……。

石原　それも一人だけということで、分娩じゃなく帝王切開で産んだ。ところが生まれてみると、お母さんも夢中になって育てたらしいんですね。谷川徹三さん、息子を小学校までは行かせたけど、中学校は途中でやめさせちゃったんです。

そして、お父さん自ら、独得の教育をした。もちろん大学出なんかよりずっと教養の高い男になったし、詩人という職業のせいもありますが、親のそういう教育のおかげで、いまでも勉強っていうと、非常に楽しみながら、どんな新しい知識でも取り入れますねえ。

井深　自分で獲得していくんですねえ。

石原　私はね、非常に面白い教育のケースだと思うんですけど、さて、自分ではとてもできないなァ。おそらく、二番目、三番目の子どもができてたら、谷川徹三さん、面倒くさくなって、きっと学校へ入れちゃったと思うんですよ。しかし、谷川さんの場合、そういう教育を受けただけあって、ある意味で平和さみたいなものを持った、いい人柄ですよね。それがまた、彼の芸術の独特の宇宙観になってますね。彼自身もまた、自分の子どもを変った育て方していますし……あれ、しかし、普通の家庭の……。

井深　一般にアプライするわけにはいかんでしょうけどね。鈴木先生の門下生で、世界で有名な楽団のコンサートマスターになっている人が五、六人いるんです。一番有名なのは豊田耕児……。ベルリン放送管弦楽団の、コンサートマスターですがね。まだ全部三〇代なんですよ。そして、彼らみんなに共通してることは、中学校教育しか受けていないんです。それでいて、三〇代で、しかも、うるさいおじいちゃんばっかりの、格式のある管弦楽団のコンサートマスターをやってる……豊田耕児なんか、もう九年間やってて、放してくれない……彼はソリストとして立派にやっていけるんですが、放さない。ということは、やはりリーダーシップといったものが、早教育によって養われるっていうことらしいんですね。

コンサートマスターっていうのは、ただテクニックがすぐれているだけじゃなくて、仲間をどうやってつかんでひっぱっていくかってことや、集団を代表していろんな交渉をしたり……しなきゃなりませんわね。中学校しか出ていない、三〇代の外国人に、それをまかすっていうこと、ちょっとこれ、驚異だと思うんです。それが門下から、一人や二人じゃなく、六人ぐらい出てる。

ま、一方からいうと、コンサートマスター的な教育しかされていない、という……芸術家たちからの批判もありましょうけど、ね。ですから、ただ学校をズルズル出るってことが、その人間にとって、どれだけ良かったか、悪かったか、全く問題がありますねえ。

口で教えなくとも、態度と行動で……

石原　例えば、子どもが何かに熱中して、夜おそくなってくると、母親っていうのは、もう時間だから寝なさいっていいにきて、寝かせてしまいますでしょう。それはやっぱりいかんと思うんですね。あんまりくだらんことやってるのなら寝かしてもいいけど、学問にかかわりあう関心事だったら……。

井深　熱情をこめられるものを、果させてやらなきゃいかん……。

石原　ええ。あした起きるとき苦しむのは自分なんだから、その調節は自分でさせればいいんですからね。

井深　あんまりいまのお母さんは、あてがいぶちですよねえ。こうしなさい、その次はこうしなさい、それをしちゃ駄目ですよ、という……ねえ。

石原　私自身は女の子のいない兄弟でしたから、女の子のケースは何もわかりませんけども、父は私に、男として……というより人間としてでしょうけれど……例えば屍体というものを私に見せたり……。

井深　ほ、ほう、それはおいくつぐらいのとき？

石原　小学校の三年か四年のときでした。それ、小説に書きましたけど。父は山下汽船の支店長をしておりましてね、遭難した船があったんですよ。……人間の死に顔っていうのはじめて見ました、そのとき。

井深　お父さまは、どういう意味で、見せなすったんでしょう。

石原　それ、非常に勇敢な行動で死んだ人なんですね。自分でとびおりてロープを結びつけて、結局、溺れて死んだ航海士ですけど。そういう配慮とか……それから、これは平凡なことかも知れませんけど、よく朝の散歩に強引に連れていかれて……私には強いませんでしたが、自分では柏手を打って、おひさまを拝んでましたよ。こういうのはやっぱり、何か情操として残りますですねえ。

井深　偶然ですけど、私の義理の父になった人が、山下汽船でしてね、神戸で、わたし、小学校のときは、もう、毎朝、うしろの山を三、四〇分歩いてこないと、朝飯くわしてもらえないんですよ。そういう鍛えられ方しましたから、足だけは、いまでも達者ですけどね。何かそういう大きなものってのは、父親というものは、与える力があるようですね。

石原　父は夭折しましたですからね。高血圧だったんですが……海運業不況のときで、母が非常に心配しておりました。結局、会議場で倒れて……死にましたんです。四十前から、もう高血圧で、ずい分自分も療養しておりましたが。例えば、普通、ちょっとできないと思うんですけども、自分のうちで断食をして……三〇日もしましてね。よく家族が自分の目の前で飯を食うの、我慢して見ていられたと思うんですけど。

井深　ほう……。

石原　まあ、私たちが食物のことで、わがままを言ったりすると、普通のときなら怒らないのに、断食中だと、非常に怒ったりしましたですね。自分がおなかが空いてるから、怒るんだなって、ぼくらは、非常に父が断食するのがいやだったです。

井深　ハハハハハ。

石原　しかし、そういうときは、子ども心に、父親が目に見えない敵と戦っているっていうことを、とっても強く感じましたね。……とうとう負けて死んだとき、何か戦いに敗れた戦士みたいな気がして、父親の死に顔を独得の感慨で眺めましたけどねえ。……そういう影響で……ぼく自身の子どもも、また、男の子ばっかりですから、自分じゃ、独得の教育のつもりでやってはおりますけれど、ね。私のところは海のそばだもんですから、いつでしたか、台風がきたとき……たいして危険はないんですよ、自動車もこなくなって、波が打ち上げるだけで……。子どもといっしょにヨットの合羽を着て、ですね、はだしでしけの中を歩いたんですが……。危いときはロープで結び合って……。

井深　挑戦ですね、そうすると。

石原　子どもは、とっても面白かったっていいますね。やっぱり自然の力に曝されるということは、強烈な体験ですね。まだ下の子は無理ですけど。それから、よく徹夜で海岸を歩いてみたりもするんですよ。

井深　はーん。

石原　子どもたちは徹夜すると、ヘトヘトになりますけど、世の中が寝しずまって、また、こう……払暁と共に甦ってくるところなんか……。

井深　別の世界を経験させられるわけですね。

石原　別に口では教えませんけどね、何も。子どもは何か得るんじゃないかと思います。

井深　面白いなあ、それは。

石原　まあ、戦闘的な男が好きですから、ぼくは。そういうふうな人間にしようと思って……。親が割とガサガサしてますとね、子どもってのは、割とキチンとした……亭主を家で待ってる女房みたいな形になっちゃうものですから、そういうことにさせまいと思ってやってるんですけど。

月一回のセレモニィ

井深　私、会社なんかで見てますと、ボーイスカウトの経験をした人っていうのは、いざというときに、非常に役に立ちますねえ。

石原　ああ……。

井深　どういうんだかわからんけど、ただ学校生活だけやってきたのと、何か……。いまおっしゃった勇ましさみたいなものを……特に男の子には、与えとく……っていうのは、あとになって、違ってくるんじゃないでしょうかねえ。

バイオリンの教育なんていうのも、ある意味では、非常に興味を持ってチャレンジする……チャレンジのあり方だと思うんですよ。何かはっきりした目標といったものを持って、自分をそれに投げ込むというような、そういう育て方も、これからの人間には、時に必要だという気がしますね。

石原　ま、そういうふうに、親が何か実験してみたらいいと思うんですよ。試みというか……。親が子どもを試すこころみっていうのは、いずれ、あんまり突拍子もなく子どもをそこなうようなものじゃないでしょうから。

井深　そりゃ心配ないと思いますね、やりたいことをやって……。

石原　そういうことをしないで、子どもはずるずる大きくなっているっていう気がするから……。私、こんどの本に書いたんですよ。近頃はなんとかラインとか、ハイウェイっていうのがどんどんできてるけど、親子でがんばって歩くという経験をね……。

まず二〇〇〇メートル以上の山に……親が若いうちがいいですけど、子どもがあんまり小さいと困りますが……歩いて登ってみること、いいかも知れないと思うんです。長い旅とか……そういうのは、時間はかかるかも知れませんが、たいして金はかかりませんし。

井深　そこで、本当の父親とのコミュニケーションというもののできる場があるわけですね。

石原　ええ。……場合によっては、親の方が先にヘタることもありますからね。子どもが父親の後押しをしたり、あるいは気を遣って休ませたりするようなケースも……気圧の関係でおとながへバることもあると思うんです。もっと休もうとか、掛けようとか、お互いに思いやりみたいなものができてくると思うんです。

井深　お宅はお子さんたち、おいくつですか。

石原　上は中学校二年です。それから小学校の四年、一年、それから幼稚園。

井深　男の子ばっかりですか。ハハハハ。

石原　いやもう、実に殺伐たるものですね。

井深　サツバツ……ハハハハ。

石原　飯なんか食ってますとね、要するに動物園の餌づけの時間みたいで、私はもう、このごろ、とってもいっしょに食えないもんで、一人で食うようにしてます。ところがね、この間アメリカの友人がきて、その息子がしばらくうちにいたんですが……その子が帰るとき……ちょうど私は旅行にいっている間だったんですけど……いつもみんなで食ってるテーブルにクロースをして……ただそれだけなんですけど……。

井深　送別の格好をちょっと……。

石原　ええ、で、みんなで飯食ったんだそうです。そしたら二番目の息子が、これは非常にいいことだから、これから、月に一回は、父親が座るべきところにちゃんと座って、こういうことを……食事をしようって提案をしましてね……（笑い）

井深　面白いな、それ。

石原　何のためにするんだっていったら……。「別に意味はないけど、ぼくは非常にいいことだと思う」って……。「いいことだろう……けど、めんどくさい」っていったら、「それぐらいのことはしろ」っていわれて……（笑い）。「わかりました」って。それで約束したんです。

井深　セレモニィが好きなんですね、きっと。

石原　そうですね。

井深　よくお母さんの方が早く亡くなって、お父さんが一所懸命育てたっていうケースでは、ことによるとエキセントリックな……そういう面が出ますけど、やっぱりお母さんの愛情と両方で円満なしつけになるんでしょうねえ。しかし、テクニックとか、物の考え方のきびしさっていうことでは、お父さんの方が冷酷にやれるんじゃないでしょうかね。

石原　しかし、幼児になるともう父親の及ぶところじゃありませんね。やっぱり母親の……。
井深　ええ、けれどね、父親が小さいとき、本を読んでくれたなんてことが、非常にあと大きく影響していることもありますよ。あるいは、日曜日に、お父さんが忙しいのに、あそこ、ここに連れてってくれた、なんてことが、非常に子どもの中に、大きくなってからも、残ってるとか……接する時間は短いけれども、父親の影響力ってのは、相当あると考えなきゃならないですよね。
石原　それはありますね。

信仰は高度な情操

井深　教育の中に、どうやって興味を持たせていくか……というより、自分が何かに興味を持って、自分で開拓して進んでいく……そういった教育のあり方というものが、非常に欠けていると思うんです。特に理科教育なんていうのは、特にそういうことがやりやすいはずなのに……どうも、文部省できめたガイダンスばっかりにあわせてやっているようで……。

石原　私はね、少し話がちがうけれど、このごろ、ちょっと……小学校、中学校、高校なんかで……聞くところによると、理科的志向が非常に多くて、文科的志向が少なくなったということなんで、ちょっとおそろしいような気がするんですよ。何か、いまの学校教育のカリキュラムの組み方に問題がありそうに思うんですけど。

井深　ええ……もっと小説とか、そういうものに親しむような導き方ってものがありそうですね。漫画だけですませちゃうような傾向がありますからね。

私、よく例にひくんですが、私の会社の者で、母親が音痴だという自覚があるもので、生まれたときから、わかってもわからなくても、子守唄の代りに本を読んでやったんですね。そうしたら、幼稚園にはいるよりずっと前に、よく読んでもらってる本の中の字や話を覚えちゃって、おやじさんがまちがえて読むと指摘す

幼児開発協会の母親教室にて

るんですね。それから漢字に興味を持ち出す……いま小学校の三年ですけど、物凄く国語の能力ってのは抜群ですね。お父さんの知らない間に、北欧の作家のものがえらく好きになって、丸善へ行って店の人を困らせるぐらいなんだそうですよ。

ですからね、ちょっとした親の考え方によって、ですね、非常に素直に、無理せずに、進路というか……理科的志向か、文科的志向か……影響を与えることできるわけですねえ。そりゃ、繰り返し、繰り返し読んでやったり、そういうことは手間をかけてやらなきゃいけないいけど……。

石原　ええ。

井深　ですから、その影響力でね、人間的に正しい、間違えのない、良識的な人に育てる……そのためのガイダンスというものは、いったい何だろうか……もう少しはっきりさせていきたいというのが、いまの私たちの考えなんです。難しいことじゃなしに、案外シンプルな、いわば動物的なものの中から……物を考える心とか、あわれみとか、人のために尽すとか、そういう心が湧いて形づくられるんじゃなかろうか……と。理屈がわかるようになってから、理屈で教えるのでなしに、もっと素朴な……。

例えば信仰にしても、おとなになってからバイブルを読んで、なるほどと思って入ったキリスト教と、小さいときから身をもって感じさせられてはいった信仰とは、全然異質なんじゃないか……つまりそういう導き方っていうものが、あらゆる分野で、可能なんだろう、と考えるわけですよ。

石原　信仰だって、あれは非常に高度な情操ですからね。官公立の学校で、宗教教育を禁じているっていうのは……。

井深　ちょっと、あれは、かたくなですね。

石原　キリストとかお釈迦さまの話ぐらい、当然してもいいと思うんですよ。

井深　私は、日本で思想というものが非常に欠けているのは、欧米の場合、キリスト教というものがあって、それを支持する神学というものと、一方にそれに反対するプロテストがあって……そういうことで切磋琢磨されたから、いろんな思想が湧き出している……日本の場合は、そういう地盤がないんですねえ。

石原　そうですよ。キリスト教のような血みどろな戦いっていうのはなかったですねえ。

この間ね、ゴルフ場でばったり古い友人に会いましてね。東大から通産省の役人になってたんですが辞めましてね、どこか石油会社へ移ったんですね。一人でコースを回ってたんで、途中から仲間に入れて話したんですが……ぼくは思わず、「役人やめてよかったね」って言ったんです（笑い）。そうしたら当人も、しみじみ「よかった」って言ってました。どうも日本には役人みたいな政治家が多すぎて……。ということは日本の教育の中に役人養成的なものが……根底にあるんですね。

私の場合は、非常にいやな高等学校にいたもので、一年休んで絵を描いて、自由美術なんかに出したりしてたんですが、おやじが死んじゃったものですから公認会計士にでもなろうかと思って一橋へはいって法律やり出したんです。とても私には性に合わないんで、社会心理学に替ったんですけど……。つまり東大へ行って、何でもこなして……っていう連中は、みんな大蔵省、外務省へはいってるわけですよ。そういう秀才っていうのは、高等学校のいろんなエピソードの中で、実につまらない存在だったですね。

井深　ウフフフフ。

石原　私たちの場合は、いろんな面白いのが、次々はいってきましてね。

井深　その最たる者が、いま、いるじゃないですか。ハハハハ。

石原　そうなんです、ハハハハ。ぼくは、ああいう人は、客観的に見ると、実に人間として面白い。……興味がありますね。ああいう人生というのはどういうものかと思って、ね。

井深　アハハハハ。まあね、ある年、大蔵省へはいった研修生が二二人だった……そしたらそのうち二一人が東大、一人だけが京大、ザッツオールなんですねえ。それでいったい、いいんだろうかというわけですよ。これには進駐軍もびっくりしたっていいますがね。

石原　それが全部、日本の価値観の根底にありますわね。私、いまでも覚えてますがね、中学校のころ、音楽のカリキュラムが混乱してたんで、教科書が何回も変りましてね、そんな中で非常にエキゾティックな民俗音楽があったんです。ある時間の、後半になって、その曲に移るんで、先生が弾いて聞かせたわけです。それがとても私たちの感覚を刺激して、時間が終ったとき興奮してましてねえ。

次の週の時間まで待ち切れずに、休み時間に覚えてしまおうと思って練習しはじめたわけです。それをやった人間を見ますとね……一〇人ぐらいいたんですが……学校で問題の不良とかね、その後中退した奴とかね……東大とか一橋とか、そんなところへ行った奴は一人もいないですよ。でも社会へ出たら、みんな一国一城のあるじになって、実に面白い仕事をしてます。

その時集らなかった秀才で、教室で姿勢がいいもんで、音楽も優をもらっていたような奴は、勉強して東大へ行ったりして、せいぜい出世した人間で役人ですよ。みんなサラリーマンです。いつだか、フッとその曲を聞いて、ああ、あの時の連中、どうしてるかなあ、と思ったら、やっぱり、はみ出した、面白い仕事を社会でやってるんですね。

両刀使いも幼児教育

井深　運動部のキャプテンというのは、私、ある意味で、人ができてるという気がしますけどね。

石原　会社なんか、それを多として、スポーツのキャプテンあたり非常に尊重しますけどね。ぼくは必ずしも感心しませんね。案外スポーツ官僚みたいのがいるような気がしますねえ。

井深　そうでしょうか。私はまた、逆の場合の例で……私の友人の娘さんが嫁に行ったんですが、そこの息子三人が全部京大出なんです。ところが一人だけが非常に人間も丸いし、融通がきくし、温かい人柄なんですね。おかしいなって思ってみてましたが、あとで、そのお母さんに聞いたら、終戦後の、非常にきびしいときに、鈴木さんの早教育を……ずい分骨折って遠いところから通って受けさせたんですね。それでいまでも音楽愛好家ですけど、どこか人柄がちがうってことを、そういう予備知識なしに、私、わかったですねえ。

私がこんな問題に首をつっこむことになったのも、鈴木先生の早教育が、音楽だけの問題じゃなしに、人間づくりにまで影響を及ぼしている……頭脳づくりにもいい結果を及ぼしている、と……はやくああいう複雑なことに着手しただけで……はじめはそりゃ、なかなか大変だけど、非常に効果がある、という事実を認めたからなんですね。

石原　一般に、非常にまちがえられているのは、幼児教育というと、すぐ、天才教育とか、英才教育とか、そういうふうに……。

井深　ええ。幼児の才能教育というと、小学校、中学校のノルマを、下まで下げて教える、というふうに……親のみえでやるように考えられるんで……。ある意味で、そういう形で、子どもを育てる親も、中にはおりますものですからね。

石原　私はね、人間ってのは誰でも天才だと思うんです、哲学的な存在論になりますけど。自分がこうやってることが不思議で不思議でしょうがないし、この存在というものは、繰り返しがきかないわけですよ。人間がいかにかけがえがないか、という認識がないもので、さっきも言ったように、若い人たちが「俺の人生、平凡でいいんだ」なんていうことをいう……。長所も欠点もあって、こういう顔をしてこういう名前の人間てのは、一回しか存在しないんだ、という認識を、親が持てば、自分の半生をふりかえってみて、基本的な失敗というものもあるでしょうし……子どもの可能性というものは、もっと早く、親が真剣に開発して、みつけなきゃいけないんじゃないか。

そうすれば、進学のときも、うかつな決定はしないと思うんです。小学校のころから、どういう向きか、よく観察して、早く発見するように努力すべきなんでしょうね。人間というものは、とにかく一人一人、かけがえがないんですから。

井深 だいたい、文科、理科というカテゴリーが、もういけないですわね。

石原 ええ、おかしいですよ。

井深 もっと、自分が行きたいところへ行ける自由さってものがあっていいと思うけど。どうも自分の尊さというものを教えられないような教育方針ですね、いまは。良い小学校や良い中学校へはいるにはどうすればいいか、ということばっかりに狂奔しちゃうんだけど、人間の特徴といったものをみつけ出すには、やはり幼稚園前に開発しなくちゃならないんじゃないか……。

私は、幼稚園までに、いろいろ性格もきまるし、能力もきまるし……その時期っていうものは、ほとんどお母さんの教育なんです。ところが教育ママというのは、その時期は放っといて、そのあと、あと、をさわぎ立てるんですねえ。そして大体のお母さんは、幼稚園が悪いから、学校が悪いから……学校の先生がなってないからってことばっかり不平を言うんですね。時に、石原さんは左利きですか？

石原　両刀使いなんです。小学校のころ、直されましてねえ。直すのは全くまちがいなんだそうですね。面白い先生がいましてね、直さなくていい、と言われましたんで、救われた思いをしました。

井深　一種の幼児開発なんですねえ。（笑い）

あとがき

井深さんが生誕されて今年で一〇〇年を迎える。

私は、井深さんが、今二〇〇八年に起業を考える立場におられたら、いったい何の「価値創造」にチャレンジする企業に取り組んでおられるか、いつも心に問いかける。井深さんは、一九六九年の大学紛争がきっかけで教育の在り方に取り組む事を真剣に考え、大学生や若者の「心」の在り方が幼児時代に形成されるとお考えになり、幼児開発協会を設立された。私も一九六八年フランス駐在時代に学生紛争をパリで体験し、母国へ帰国する事を考えたのが昨日の如く思える。

井深さんは西洋文明の行きつく先に何か異なった「心」の世界があるのではないかと考えておられ、二一世紀のニューパラダイムについて、ソニーの昼食時などでよく議論されていた。科学、論理だけでは解決出来ない様々な問題が今二一世紀私達の日本や西洋、又、世界の人々の前に現実のものとして、つきつけられている。

井深さんの、二一世紀は全く新しいパラダイムに入るという激しいお考えは、私達ソニーのマネジメント会同でも繰り返し強調された。井深さんは、ご自分の言葉でその日一日のソニーのパラダイム変化を議論した後、「二一世紀に起こるパラダイムは今日皆の議論したような現在の延長戦の議論ではない」とかなり長い時間に亘って諭され、私は雷に打たれた様に聞き、私はその事を一生忘れる事はないだろう。

井深さん（右）との思い出の一枚

井深さんが創設された教育財団も継続は力であることに加えて、井深さんの心の中の深い深い思索を私達は思い、日本、世界の子どもたちに夢と希望、論理と創造力を育てる一助として大きく育てていくのがソニーの務めだと私は考える。

二〇〇八年四月一日

出井　伸之

株式会社クオンタムリープ　代表取締役
ソニー株式会社　アドバイザリーボード議長
財団法人ソニー教育財団　理事長

好評発売中！

S002

モンペ襲来！

吉野 秀

学校をはじめ、予備校や塾に対し、理不尽な苦情や無理難題を突きつけるモンスター・ペアレントが増殖中。現役教師から聞き出した100の猛語録。

S003

三択でわかる親力
～子育て練習帳～

親野智可等

「親子関係」「知恵袋」「しつけ」「家庭学習」「学校対応」の5つのテーマで親力を診断！　実際の子育ての事例を挙げて、三択で考えられるようになっています。

好評発売中！

儲かる音楽　損する音楽
人気ラーメン屋のBGMは何でジャズ？

持田騎一郎

行列ができるラーメン屋さんで耳を澄ませてみてください。ジャズが流れていませんか？　何気なく流れているBGMには実は大きな意味があるのです。

S001

子ども脳の大人になろう

高畑好秀

「フランダースの犬」を見て泣けますか？　大人になるにつれ思考も硬直し、常識に縛られ本質を見失ってしまう。これを打破する子ども脳の育成書。

S004

125歳まで、私は生きる！
「寿命の可能性」に挑戦する理由

渡辺弥栄司

六〇歳で「一二五歳まで生きる」ことを決意し、六五歳で司法試験に合格した著者が、夢や希望を実現するために実践してきたことは？

S005

幇間《たいこもち》は死なず
落語に学ぶ仕事術

京須偕充

落語の世界から現代のビジネスのお知恵を拝借。人と人との絆こそ商売の基本。商売上手は気の利く人。江戸の〝商売〟をめぐるロング・エッセイを一席。

S006

笑顔の奇跡
～ミラクル・スマイル～

柳下容子

日本人で唯一、NFL・NBA両方のチアリーダーとして活躍した柳下容子。試練を乗り越え、夢に突き進む彼女にはいつも〝笑顔〟がある。

S008

ソニー・マガジンズ新書

蝶の道
南　孝彦
たった一人で始めたチョウの保護活動が、行政も巻き込んで区全体へ。品川区「蝶の道プロジェクト」仕掛人が、生き物との共生を考えた環境作りを提案。
S009

比較は不幸のはじまり
ないものねだりの心理学
高畑好秀
なぜヒトは他人と自分を比較してしまうのだろうか。自分に自信が持てず「隣の芝生が青く見えてしまう」不思議な人間心理のメカニズムを解き明かす。
S010

イケズな京都
甘里君香
古いものが好きなのはケチな証拠。義理もなければ人情もない。そしてけっしてあやまらない。「イケズは文化」と言い放つ京都人への辛口エッセイ集。
S012

BOØWY STORY
大きなビートの木の下で
紺　待人
1988年の解散後も支持され続けている伝説のロックバンド、BOØWY。4人の半生と運命の出会いを描いた究極のドキュメント作を新書化！
M001

尾崎豊 STORY
未成年のまんまで
落合昇平
登校拒否、高校中退……。屈折した少年期から青春時代。二十六歳で夭折した未完の天才の、デビューまでの軌跡。伝説の「尾崎ストーリー」が蘇る！
M002

ソニー・マガジンズ新書　S014

やれるときに やらなきゃいかん

ソニー創業者《そうぎょうしゃ》の子育《こそだ》て談義《だんぎ》

著 者　井深《いぶか》 大《まさる》
財団法人ソニー教育財団編

2008年 5月15日　初版 1 刷発行

発行人　村田 茂

発行所　株式会社ソニー・マガジンズ
〒102-8679 東京都千代田区五番町5-1
電話 03-3234-5811（営業）
03-3234-7375（お客様相談係）
http://www.sonymagazines.jp

印刷所　中央精版印刷株式会社

装 幀　ウノサワ ケイスケ

ISBN978-4-7897-3298-7 Printed in Japan